中国历代名著全译·丛书

老子全译

[春秋] 老子 著

沙少海 徐子宏 译注

U0964298

贵州出版集团
贵州人民出版社

再版说明

◎ 在人类文明历史长河中，中华民族创造了源远流长、博大精深的优秀传统文化，它是中华民族的“根”与“魂”，为中华民族生生不息、发展壮大提供了强大的精神支撑。中华优秀传统文化内容包蕴万千，而浩如烟海的历代经典名著正是其中最为璀璨的瑰宝。

◎ 为了传承和弘扬中华优秀传统文化，使广大读者了解我国历代经典名著的全豹，上世纪90年代，我们在全国学术界许多著名学者的支持下，出版了这套《中国历代名著全译丛书》。丛书分两批，每批50种，精选我国历代经史子集四部名著以全注全译的形式整理出版。由于丛书开名著全译之先河且兼具权威性、通俗性、学术性和资料性，出版之后得到书界的认可和受到读者的喜爱，并于1993年荣获第三届中宣部精神文明建设“五个一工程”奖。

◎ 随着中国开启建设社会主义现代化国家新征程，文化作为一个国家、一个民族的灵魂，在中国特色社会主义事业全局中的重要地位被进一步凸显，提高文化软实力成为实现中华民族伟大复兴的重要支撑。正是由于这样的背景，让我们开启《中国历代名著全译丛书》的再版工作具有非同寻常的意义。此次再版我们主要做了两项工作：一是对书的内容进行全面细致的校订，改正上一版中存在的舛误，同时，在尊重和保持作者学术成果原貌的基础之上，对个别属于历史局限的地方作了适当处理，使其内容更加精善；二是对书的装帧形式重新进行设计，使其形态更具审美价值并符合新时代读者的阅读习惯。

◎ 我们相信，这套新版的《中国历代名著全译丛书》在让读者领略到中华优秀传统文化独特风采与恒久魅力的同时，对提升中华民族文化自觉自信将起到应有的作用。

贵州人民出版社有限公司

2021年1月

前 言

◎ 老子，即史书所载春秋时期楚人老聃（dān），生卒年月不详。与孔子同时而年长于孔子。曾做过周王朝的史官。著书称《老子》(后人又称《道德经》)，约五千字。可能成书于战国时代，为老子后学者根据老子的学说加以发挥补充而成。

◎《老子》是一部讲哲理的古籍，又是韵文。千百年来辗转镌刻，当有讹夺。因此对这本书的整理，要做析义、审音、订误三方面的工作。本人从事古汉语教学多年，对上述工作颇感兴趣。现在抱两种态度：一是对原作者负责，力求字斟句酌，符合作者的原意；一是对广大读者负责，除诠释音义外，还请研究生徐子宏同志译成现代汉语。多途并进，对阅读当有裨益。在工作中对时贤往哲的有关著作细心探索，择善而从。但本人才力有限，汲深绠短，纰缪必多，敬希读者多赐教益，以便改正。撰写时林仲湘老师忙中抽暇，匡谬正误，裨益良多。排印时研究生黄涤明同志细心校勘，帮助很大，统在此一并致谢。

沙少海

1989年3月于广西大学

目录

上篇 道经

下篇 德经

上篇 道经

一章

题解 老子以“道”作为自己哲学体系的核心。“道”又是天地万物的本源，微妙玄虚，不具有任何质的规定性，它不能用文字或语言去表达，是一种神秘的精神实体。

原文 道，可道，非常道；名，可名，非常名①。无，名天地之始；有，名万物之母②。故常无，欲以观其妙；常有，欲以观其徼③。此两者同出而异名，同谓之玄。玄之又玄，众妙之门④。

注释 ①道，原训路，引申为原理、原则、规律。第二个“道”，动词，称道，犹言“说得出”。常，作恒。据马王堆汉墓帛书《老子》（以下简称“马王堆本”），常作“恒”，避汉文帝刘恒讳，改作“常”，训永恒。下句“常名”同。朱谦之说：“道者变化之总名。与时迁移，应物变化，虽有变易，而有不易者在，此之谓常。”高诱注《淮南子·泛论训》：“常道，言深隐幽冥，不可道也。”第一个“名”，名词，概念；第二个“名”，动词，称谓，犹言“叫得出”。马王堆本“可道”“恒道”“可名”“恒名”后都有“也”字。

②马王堆本甲乙本两句末都有“也”字。梁启超《老子哲学》从司马光、王安石、苏辙等说，谓“以无，名彼天地之始；以有，名彼万物之母”。高亨《正诂》从其说，读作“无，名天地之始；有，名万物之母”。并引四十章“天下万物生于有，有生于无”为证。有人以“有名”“无名”为读，可以参考。始，《说文》：“始，女之初也。”训原始。母，《说文》：“从女，象褱子形。一曰象乳子也。”引申为根本。河上公注：“母，本也。”两名，动词，称述、说明。

③两“常”字马王堆本作“恒”。两“欲”字下都有“也”字。“徼”作“曒”，上有“所”字。景龙、开元、敦煌诸本无“故”字、“以”字，景福本有“以”字无“故”字，王弼、傅奕、范应元诸本，皆兼有之。河上、王弼旧注，皆以“欲”字绝句，司马光、王安石、范应元诸家始以“常无”“常有”为句，近人马叙伦、劳健、高亨等均依司马、王、范“常无”连读，“常有”连读。妙，王弼注：“妙者微之极也。”荀悦《申鉴》：“理微，谓之妙也。”徼，马王堆本，景龙本均作“曒”。田潜说：“《说文》古本旧有‘曒’字，后世或借为‘皎’，‘皎’，月之白也。”朱谦之说：“常有欲以观其曒，曒者光明之谓；与‘妙’为对文，意曰理显谓之曒也。”两“以”系介词，训用。后省宾语“之”，“之”，指代词，指代先行词“无”或“有”。

④河上公、王弼、傅奕诸本皆如此。马王堆本作“两者同出，异名同谓。玄之又玄，众妙之门。”蒋锡昌以“同”字断句，作“此两者同，出而异名”。此依马王堆本。高亨《正诂》:“两者，谓‘有’与‘无’也。”朱谦之说:“此两者盖指有无而言，有无异名，而道通为一。”出，韩非《解老》:“始之谓出。”出，有萌芽、开端之意。玄,《说文》:“玄，幽远也。象幽而入覆之也。”扬雄说:“玄者幽摊万类，而不见形者也。”张衡说:“玄者无形之类，自然之根，作于太始，莫之能先，包含道德，构掩乾坤；橐籥元气，禀受无形。”朱谦之说:“华夏先哲之论宇宙，一气而已，言其变化不测，则谓之玄。变化不测之极，故能造成天地，化育万物，而为天地万物之所由出。鸢飞鱼跃，山峙川流，故曰‘众妙之门’。”任继愈说:“玄，深黑色，是《老子》中的一个重要概念，有深远看不见的神秘意思。”之，连词，例:“作其鳞之而。”(《周礼·考工记》)此处用同连词“而”。门，总门径。

译文

“道”，说得出，它就不是永恒的道;“名”，叫得出，它就不是永恒的名。“无”，用以称述天地之始原，“有”，用以称述万物之根本。所以，应该从万物永恒的始原状态中去观察“道”的微妙，应该从万物不变的根本之处去观察“道”的显豁。此两者（上文讲的“有”“无”）同出一源而名称互异，它们都称得上是深远莫测的，从有形的深远境界到达无形的深远境界，这就是通向一切奥妙神秘的总门径。

二章

题解 本章前一部分阐述一切事物的存在都具有相互依存的关系，颇具有朴素的辩证法思想。后一部分提到“处无为之事，行不言之教”云云，反对社会上的一切变革，这就是反历史主义的。

原文 天下皆知美之为美，斯恶已；天下皆知善之为善，斯不善已①。故有无相生，难易相成，长短相形，高下相倾，音声相和，前后相随②。是以圣人处无为之事，行不言之教③。万物作焉而不辞，生而不有，为而不恃，功成而弗居。夫唯不居，是以不去④。

注释 ①此依劳健《古本考》写定。叶梦得本、范应元本同。《淮南子·道应训》下句引作“天下皆知善之为善，斯不善也。”王、傅与诸唐本均无“天下”二字。马王堆本甲本作“天下皆知美为美，恶已；皆知善，訾不善矣。”乙本作“天下皆知美之为美”，余悉同甲本。广明本、赵孟頫本引下“已”作“矣”；李道纯本上“已”作“矣”；苏辙本、董思靖本，两“已”并作“矣”。已、矣、也三字，古可通用。《说文》：“矣，语已词也。”矣，亦作已。《经传释词》：“矣，犹‘也’也。”斯，则、就。恶，丑。不善，恶。

②敦煌本、遂州碑本、顾欢本无“故”字。六“相”上，广明、景福、庆阳、磻溪、楼正、室町、彭耜、傅、范、高翿、赵孟頫本，及《后汉书·朱穆传》注引均有“之”字，王弼、河上本无。李道纯说：“‘有无相生’以下六句多加一‘之’字者非也。”有无相生，犹言互相依存。成，成就，即“相反相成”的“成”。形，王弼作“较”。毕沅《考异》：“古无‘较’字，本文以‘形’与‘倾’为韵，不应作‘较’。”训表现、显现。长短是相对的，有了长才显出短来。今人还有“相形见绌”的说法。倾，马王堆本作“盈”，河上公、王弼、傅奕等本均作“倾”。倾，斜，犹言依靠。音，单音。声，和声。和，和协，和谐。前后，马王堆本作“先后”，今改从普通本。随，出现。马王堆本前五句末都有“也”字。马王堆本有“恒也”二字，今本无，故从今本。

③遂州碑本“人”下有“治”字，敦煌本同，成玄英疏：“故云‘是以圣人治也’。”《群书治要》卷三十四引无“治”字。马王堆本“处”作“居”，甲本“圣”假作“声”，损“不言之教”四字。唐强思齐《道德真经玄德纂疏》句末有“也”字。处事，等于说行事。处无为之事，就是顺其自然、无为而治的意思。行不言之教，即施行不用言词说教的教化，采取放任主义。

④不辞、不有、不恃、不居等四“不”字，马王堆本均作“弗”。万物作焉而不辞，依河上公、王弼、林希逸、苏辙等本。陆希声、开元及《太平御览》七六引皆无“焉”字。傅、范及唐人乌本残卷、龙兴碑均作“万物作而不为始”，可参考。作，兴起。不辞，魏源《老子本义》:“万物作焉而后应之不辞耳，此因应无为之道也。”不辞，犹言不拒绝，即随应万物，也就是无为而治的意思。有，据为私有。恃，凭借、依靠。为而不恃，是说（圣人）有所施为，但不求达到什么目的。功成而弗居，是说事情成功了，而不自居有功。不去，不会失去。

译文 （如果）天下的人都知道美好的东西是美好的，就显露出丑来了，（如果）天下的人都知道善良的东西是善良的，就显露出恶来了。所以，有无在对立中互相生成，难易在对立中互相转化，长短在对立中互相显现，高低在对立中互相依存，音声在对立中互相和谐，前后在对立中互相区分。因此，圣人处居无所作为的境地，施行不用言词的教化。万物兴起而不拒绝，生成万物而不据为私有，有所施为而不恃恩求报，事情成功了而不自居有功。正由于不居功，所以他的功绩永存。

三章

题解 在这里老子极力鼓吹愚民政策。

原文 不尚贤，使民不争①；不贵难得之货，使民不为盗②；不见可欲，使民心不乱③。是以圣人之治也④，虚其心，实其腹，弱其志，强其骨⑤，常使民无知无欲⑥。使夫智者不敢为也⑦，为无为，则无不治⑧。

注释 ①马王堆本乙本“尚”作“上”，甲本下句损。景龙、龙兴碑及《淮南子·齐俗训》所引“尚”亦作“上”。敦煌本“尚贤”作“上宝”。遂州本“民”作“人”，下句同。尚，崇尚、尊崇。

②马王堆本乙本如此，甲本残损，只剩“民不为”三字。景龙、开元、敦煌无“为”字。河上、王、傅、范各本有“为”字。《北堂书钞》二七引作“不贵货，使民不盗”。

③王弼、傅奕、范应元各本均如此。马王堆本无“心”字，甲本残损，只剩“民不乱”三字。金赵秉文《道德真经集解》作“使民不乱”。河上公本、想尔本作“使心不乱”。易顺鼎、马叙伦、蒋锡昌、劳健诸家均主无“民”字。有“民”

字义长。张松如说:“《经传释词》‘可犹所也’。此不见可欲,犹不见所欲。《蜀志·秦宓传》,宓报李权书引道家法曰:‘不见所欲,使心不乱’,是其证。”

④马王堆乙本及傅、范、苏诸本均如此。马王堆本甲本损“治也”二字。王弼及广明本无“也”字,并无“之”字。景龙、敦煌本作“圣人治”。

⑤马王堆本乙本及河上、王、傅诸本均如此。马王堆本甲本残余“强其骨”三字。

⑥马王堆本如此,惟句首“常”作“恒”,句末多一“也”字。开元、李约、王真诸本“民”作“人”,盖避唐太宗李世民讳。

⑦王、范如此。傅与诸唐本无“也”字。敦煌、景龙本无“夫”字。马王堆本乙本作“使夫知不敢弗为而已”,甲本只残余一“使”字。想尔本作“使知者不敢不为”。

⑧河上公、王弼如此,无“矣”字。傅、范及唐宋诸本下有“矣”字,惟傅、范“治”作“为”。马王堆本乙本只作“则无不治矣”。甲本全句损掩。敦煌、景龙本亦无“为无为”三字,并无“矣”字。

译文 不尊尚奇才异能,使人民不争功名;不重视珍品奇货,使人民不做盗贼;不显露足以引起人们欲望的东西，使人们的思想不被搅乱。因此，圣人治理天下，在于使人们的心思单纯，使人们的肚皮填饱，使人们的志气弱小，使人们的骨骼强壮。永远使人们没有知识，没有欲望，使那些聪明人不敢妄作主张。按照“无为”的原则办事，天下就没有不能治理的。

四章

题解 这里老子从另一个方面阐述“道”的特征。它空虚无形，却比创造万物的上帝更根本，是宇宙间最高的精神主宰。

原文 道冲，而用之或不盈①。渊兮似万物之宗②。挫其锐，解其纷，和其光，同其尘③。湛兮似或存④。吾不知谁之子，象帝之先⑤。

注释 ①马王堆本乙本作“道冲，而用之有弗盈也”，甲本只残余“盈也”二字。傅本“冲”作“盅”，“弗盈”作“不满”。王本“又”作“或”，“弗”作“不”。此依王本。景龙“又弗盈”作“久不满”。诸今本都无“也”字。此文或于“冲”字断句，或于“之”字断句，此于“冲”字断句。俞樾《平议》：“《说文》‘盅，器虚也’，《老子》‘道盅而用之’，盅训虚，与盈正相对，作冲者假字也。”马叙伦说：“满字，诸本作盈者，荀悦曰：‘讳盈之字曰满’，盖汉惠帝名盈，讳之改为满也。盈字是故书。”

②傅、范与诸王本悉如此。马王堆本“兮”作“呵”，甲、乙本同。“兮”，张口作兮声，正是古“诃”字。《后汉书·黄宪

传》注、《御览·道部》及河上公、李荣、林志坚诸本“兮”作“乎”。敦煌无“兮”字。开元并无“兮”“之”二字。渊，《玉篇》：“渊，水停又深也。”《小尔雅·广诂》：“渊，深也。”劳健说：“景龙作‘深乎万物宗’，当是唐人避讳（高祖李渊），改‘渊’作‘深’。”

③今本悉如此。马王堆本乙本作“挫其兑，解其芬，和其光，同其尘”。甲本缺“锐”字，损掩“尘”字。景龙、敦煌、开元诸本“纷”作“忿”。高亨说：“此四句重见五十六章，谭献、马叙伦并谓此处衍文。”任继愈说：“这四个‘其’字都是说的道本身的属性。”

④傅、范本与诸王本皆如此。马王堆本乙本作“湛呵似或存”，甲本只残余“或存”二字。景龙、开元作“湛常存”，敦煌、龙兴作“湛似常存”。此依马王堆本作“似或存”。刘师培《老子斠补》：“此句疑当在‘渊兮’之下，抄写致误。”奚侗《集解》：“道不可见，故云湛。《说文》：‘湛，没也。’《小尔雅·广诂》：‘没，无也。’道若可见，故云似或存。十四章‘无状之状，无物之象’，二十一章‘忽兮恍兮，其中有象；恍兮忽兮，其中有物’，即此谊。”朱谦之《校释》：“湛，《说文》‘没也。’《小尔雅·广诂》‘没，无也。’此云‘湛常存’，言其虚灵不昧，似无而实有也。”

⑤马王堆本乙本作“吾不知其谁之子也？象帝之先。”甲本

无“其”字及“之”字,“谁”字损掩。范与景福无“也”字。傅与诸王本无“其”字、“也”字。他唐本无上“之”字及“其”“也”二字，蒋锡昌《校诂》:“吾者老子自谓，其者指道而言。《广雅·释言》:‘子，似也。’帝，谓上帝。‘吾不知其谁之似？象帝之先’二语，自为问答。此言道不但为万物之始，又为上帝之祖先。二十五章所谓‘有物混成，先天地生’，四十二章所谓‘道生一,一生二,二生三,三生万物’，盖道为一切之祖也。”朱谦之《校释》:“此段意谓神耶？帝耶？此世所谓生杀之主，而道独居其先。道者疑似之间，若不知其谁之子，然而自本自根，未有天地，自古以固存也。”

译文 道空虚无形，其作用又是无穷无尽。它是那样的深邃啊，好像是万物的主宰。它掩损自己的锋芒，排解自己的纷扰，隐蔽自己的光芒，把自己混同于尘俗之中。它是那样的无形无象，似亡而实存。我不知道它是何物所生，它好像在上帝之前就有了。

五章

题解 这里由“天道”以论“人道”，由“自然”以推论“社会”，在哲学上是在特殊性中推绎普遍性，在政治上则是宣扬“无为”的好处（采张松如说）。

原文 天地不仁，以万物为刍狗；圣人不仁，以百姓为刍狗①。天地之间其犹橐籥乎②？虚而不屈，动而愈出③。多言数穷，不如守中④。

注释 ①马王堆本及诸今本皆如此。马王堆本甲本“圣人”作“声人”，“百姓”作“百省”，“为刍”二字损掩。乙本下“以”字损掩。河上公、唐玄宗、龙兴碑等“刍”作“茐”。刍狗，古代祭祀时，用草扎成的狗，用后即抛弃掉。百姓，这里是指被统治者。

②王、傅、范及诸今本悉如此。马王堆本“乎”作“与”，余悉同。甲本“之”字、“其”字损掩。景龙、开元诸唐本无“乎”字。龙兴碑并无“之”“乎”二字。橐籥，风箱。吴澄说：“橐籥，冶铸所以吹风炽火之器也，为函以周置于外者，橐也；为辖以鼓扇于内者，籥也。天地间犹橐籥者，橐象太虚，包

含周遍之体；籥象元气，细缊流行之用。”吴说义长。

③马王堆本“屈”作“淈”，余悉同，惟“愈”作“俞”，与傅、范、景龙同。屈，河上公、范应元及景龙、开元、景福诸本悉如此。王弼作“掘”，傅奕作“詘”。按屈、淈、掘、詘，并有竭义。

④他本均如此。马王堆本作“多闻数穷，不若守于中”。傅奕“多闻”作“言多”。龙兴碑“中”作“忠”。中，通“冲”，空虚。

译文

天地无所谓仁慈，对待万物像对待“刍狗”一样；圣人也无所谓仁慈，对待百姓也像对待“刍狗”一样。天地之间，不正像个风箱吗？越空虚（动能）就越不会穷竭，越鼓动，风量越大。议论太多，往往失败，还不如保持虚静。

六章

题解 太空之神（道），永恒存在；它是支配万物发展变化的主宰，空虚幽深，因应无穷，孕育万物，生生不息；它又无形无声，充塞宇宙，永远运行，永不枯竭，其作用无穷。

原文 谷神不死，是谓玄牝[①]。玄牝之门，是谓天地根[②]。绵绵若存，用之不勤[③]。

注释 ①马王堆本作“浴神不死，是胃玄牝。”甲本“不”字残损。谷，河上本作“浴”。后汉陈相边韶《建老子碑铭》引亦作“浴”。蒋锡昌说:“《老子》言‘谷’者多矣，如十五章‘旷兮其若谷’，二十八章‘为天下谷’，三十二章‘譬道之在天下，犹川谷之于江海’，三十九章‘谷得一以盈’，四十一章‘上德若谷’，谊皆取其空虚深藏，而未有为他训者，此字当亦同之。‘浴’‘榖’‘欲’虽可与‘谷’并通，然以老校老，仍当以‘谷’为当。”严复说:“以其虚故曰谷，以其因应无穷，故称神，以其不屈愈出，故曰不死，三者皆道之德也。”两说极是。牝，是一切动物的母性生殖器官。郭沫若《甲骨文研究》以“且”“匕”为“牡”“牝”的初文。玄牝是象征着深远的看不见的生产万物的生殖器官。老子把物质的不断变化这一作用当作万物发生的根源。

②马王堆本作“玄牝之门，是胃天地之根”。傅本、景福本、道藏陆希声本及《列子·天瑞》篇所引，皆如此。王本、范应元本无下“之”字，景龙、开元、龙兴碑诸本并省上下两“之”字及“是谓”二字，作“玄牝门，天地根”。这里从王本及范应元本。

③马王堆本乙本作“绵绵呵其若存，用之不堇”。甲本无“其”字。景福本同甲本。他本并无“兮”字、“其”字。今从之。绵绵，连续不断。成玄英说：“绵绵，微细不断貌。”“之”亦作“而”。马叙伦《校诂》引王弼注作证，可参考。勤，尽。《淮南子·原道训》“用之而不勤”，《淮南子·主术训》“力勤财匮”，诸“勤”字均作“尽”解。高亨《正诂》取此谊。今从之。

译文 道（谷神）是永恒存在的，这叫作“玄牝”。“玄牝”的门户，这就是万物的根源。它连续不断，愈用愈出，永无穷尽。

七章

题解 这里反映了老子作为没落阶级的“自私”特点，用“无私”作幌子，以达到个人极端自私的目的。

原文 天长地久。天地之所以能长且久者，以其不自生，故能长生①。是以圣人后其身而身先，外其身而身存②。非以其无私邪？故能成其私③。

注释 ①诸今本均如此，马王堆本甲本乙本“天地”下有“之”字，“自生”下有“也”字。甲本前“能”下“长”字损掩。龙兴碑、李道纯、危大有“天长地久”作“天地长久”。景龙、开元及龙兴碑无“且”字。程大昌无“者”字。景龙与道藏龙兴碑、司马本、成玄英疏，最后一句作“故能长久”。以本章末二句两“私”字推之，作“长生”是。

②今本悉如此。杜光庭本无此二句。马王堆本甲本“圣”作“声”，“后”作“退”；乙本“身先”后、“外其”前，衍“外其身而身先”六字。

③范应元、广明及诸王本均如此。马王堆本乙本“非……邪”作“不……欤”，甲本两“私”字均损掩。开元、景

龙及河上公本俱省“不……欤”作“以其无私”；龙兴碑同，两“私”字并作“尸”。按“私”作“尸”，非是。有人以“尸”解“释尸”。盖以神仙家言，窜入老子本文。不可从。作“私”是。

译文 天地是长久存在的。天地之所以能长留而久存，是由于它不是为自己而生存，因此能长久存在。所以，圣人把自己置之于后，反而占先；把生命置之度外，生命反而被保全。不正是因为他（圣人）无私吗？所以能达到他自己的目的。

八章

题解 这一章，老子进一步阐述“以柔克刚”“不争无尤”的处世哲学。

原文 上善若水①。水善利万物而不争②，处众人之所恶，故几于道③。居，善地；心，善渊；与，善仁；言，善信；政，善治；事，善能；动，善时④。夫唯不争，故无尤⑤。

注释 ①诸今本皆如此。“若”字马王堆本甲本作“治”，当是“似”的音假。乙本作“如”。希腊第一个哲学家泰勒斯以水为万物的根本。中国古代道家言，亦往往以“水”喻道。《管子·水地》篇“地者万物之本原，诸生之根基也。水者地之血脉，如筋脉之通流也。”又:“水者，何也？万物之本原也，诸生之宗室也。”其说可与《老子》相参证。

②河上公、王弼、傅奕、范应元诸本悉如此。《御览》五十八引无“善”字。敦煌、遂州、御注、楼正、司马光、曹道冲、强思齐、李荣、室町诸本作“又不争”。马王堆本甲本“不争”作“有静”，乙本“不争”作“有争”，显有讹误。今据通行

本改“有”作“不”。蒋锡昌《校诂》:“善利之善，犹好也。襄公二十八年《传》‘庆氏之马善惊’,《正义》:‘善惊，谓数惊，古人有此语。今人谓数惊为好惊，好亦善之意也。’”

③河上公、王弼及开元诸唐本悉如此。马王堆本甲乙本“处”作“居”，句末有“矣”字。甲本无“人”字。傅、范本“处”亦作“居”；傅本句末亦有“矣”字。今从王本作“处”；不作“居”，以别于下句“居善地”。大田晴轩说:“几，平声，近也。《系辞》上，传曰:‘乾坤或几乎息矣。’”

④诸今本多如此。马王堆本乙本“与善仁”作“予善天”；甲本作“予善信”，而阙“言善信”三字，似有讹夺。甲、乙本“政”均作“正”。王弼亦作“正”。河上、傅奕与景龙，“仁”作“人”；王、范与开元诸本皆作“仁”，今从之。地，低下的意思。《荀子·儒效》篇:“至下谓之地。”又《礼论》篇“地者，下之极也。”刘熙《释名》:“地，底也，其体底下载万物也。”渊，深的意思。《诗·燕燕》:“其心塞渊。”《传》:“渊，深也。”《太玄》:“闲中心渊也。”注:“渊，深也。”渊有静而深之义，心善渊，言其心渊静莫测也（采朱谦之说）。“正”“政”古通用，这里有行政的意思。

⑤马王堆本乙本如此。甲本“争”讹作“静”。河上公、王弼及诸唐本同乙本。傅奕及宋徽宗《御解道德真经》、邵若愚《道德真经直解》等宋本“尤”下有“矣”字。

译文 最善的人（圣人）像水那样。水乐意滋长万物而不与万物相争，它甘心停留在众人所不愿处的地方，所以它最接近道。处世要像水那样安于卑下，存心要像水那样深沉，交友要像水那样亲爱，言谈要像水那样真诚，为政要像水那样有条理，办事要像水那样灵活圆通，行动要像水那样相机而行。正因为他（圣人）像水那样与物无争，所以才没有过错。

九章

题解 这里表达了老子对待社会、对待生活的消极态度，这对社会、对个人都极端有害。

原文 持而盈之，不如其已①。揣而锐之，不可长保②。金玉满堂，莫之能守③。富贵而骄，自遗其咎④。功成身退，天之道⑤。

注释 ①河上公、王、傅等通行本及《淮南子·道应训》所引悉如此。宋陈景元《道德真经藏室纂微篇》引严遵“持”作“殖”，谓积其财宝也。马王堆本乙本作“揰而盈之，不若其已”。甲本同，“若其已”三字损掩。景龙与龙兴碑“如”亦作“若”。今依通行本写定。蒋锡昌《校诂》谓“持盈”连读，盖为古人成语，意犹执盈而不失也。甚是。《国语·赵语》：“夫国家之事，有持盈，有定倾，有节事。”持盈，保持盈满。已，停止。

②河上公、王弼及唐宋诸通行本悉如此。傅奕本“揣”作“敺”，“锐”作“棁”。马王堆本乙本作“掬而允之，不可长葆也。”甲本上句残余“之”字，下句残余“可长葆之”四字。

《淮南子·道应训》所引，句末亦有“也”字。揣，磨炼。揣，当读为捶。《淮南子·道应训》“大马之捶钩者”，高注云：“捶，锻击也。”捝，从手，短声，与“揣”音近，通假。“敚”亦“揣”之或体。陆德明说：“梲，音锐。”河上公本作“锐”。马王堆本“允”字当系“锐”之借字。葆、保古通。诸通行本都省“也”字。

③傅、范皆如此，马王堆本甲本“满”作“盈”，无“能”字，句末有“也”字。乙本“盈”字损掩，句末亦有“也”字。“堂”释文本或作“室”。范应元说：“室字，严遵、杨孚、王弼同古本。”《说文》：“室，实也。”《释名》：“人物实满其中也。”劳健谓此以“室”字与“守”字取谐双声，下二句“骄”“咎”二字亦然，证当作“室”。

④今通行本皆如此。“自遗其咎”马王堆本甲乙本均作“自遗咎也”。《治要》作“还自遗咎”，室町本作“还自遗其咎”。“骄”字，马王堆本甲本作“禞”；开元、古观楼、陈景元诸本作“憍”。咎,《玉篇》：“《说文》云：‘灾也，从人从各，各有相违也。’”

⑤古本如此。马王堆本乙本作“功遂身退，天之道也”。甲本假作“功述身芮”，又“天”下三字损掩。今诸王本无“也”字。傅作“成名、功遂、身退”，“退”或作“逯”。“功遂”二字，诸本或作“功成名遂”，或作“功成事遂”，或作“名成

功遂”，句末都无“也”字。惟景福、《治要》《淮南·道应训》《牟子·理惑论》《文子·上德篇》《后汉书·梁冀传》注、《李固传》注、《崔骃传》注所引有“也”字。

译文 执求不止而想事事满足，倒不如罢手。捶砺不止而使之尖锐，不可能保持长久。金玉满堂，谁能守得住？富贵而骄傲，自己给自己留下祸根。功成身退，才符合自然之理。

十章

题解 这里进一步表达了老子消极无为的政治观点。

原文 载营魄抱一，能无离乎①？专气致柔，能婴儿乎②？涤除玄览，能无疵乎③？爱民治国，能无知乎④？天门开阖，能为雌乎⑤？明白四达，能无为乎⑥？生之畜之，生而不有，为而不恃，长而不宰，是谓玄德⑦。

注释 ①马王堆本乙本如此。惟“魄”作“柏”，“无”作“毋”，都是异体字，古通用。甲本损掩。王弼、傅奕及《淮南子·道应训》所引亦用，惟傅“抱”作“裦”。景龙、开元、唐人写本残卷及龙兴碑等，无“乎”字，下五“乎”字亦无。刘师培说：“《楚辞·远游》‘载营魄而登霞（遐）兮’，王注：‘抱我灵魂而上升也’。以抱训载，以灵魂训营魄，此汉人故训。”高亨说：“《淮南子·俶真》篇：‘人之事其神而娆其精营，慧然而有求于外。’精营，犹云精魂也。《法言·修身》篇：‘营魂旷枯。’营魂犹云灵魂也。”朱谦之说：“魄，形体也，与魂不同，故《礼运》有‘体魄’，《郊特牲》有‘形魄’。”高亨说：

“一，谓身也。抱一，犹云守身也。身为个体，故《老》《庄》或名之曰一。《老子》二十二章：‘圣人抱一为天下式。’《庄子·庚桑楚》：‘《老子》曰：‘卫生之经，能抱一乎！能勿失乎！’并此义也。灵魂外驰，神与身离，道家大忌，故曰：‘载营魄抱一，能无离乎？’”

②傅、范及唐宋诸通行本“专”不作“抟”，“能”下无“如”字。马王堆本乙本无“如”字，“专”作“抟”，“致”作“至”。甲本前句损掩。经纶堂本无“乎”字，下同。“婴”作“孆”，注亦作“孆”，景福本同。“气”范本作“炁”，“能”下，傅奕本、室町本有“如”字。《淮南子·道应训》引“致”作“至”。奚侗说：“傅奕本‘能’下有‘如’字，乃增字以足其谊。”俞樾说：“无‘如’字于文义未足。”刘师培说：“‘能’下当有‘如’字。”高亨说：“《管子·内业》篇：‘抟气如神，万物备存。’尹注：‘抟，谓结聚也。’《老子》之‘专气’与《管子》之‘抟气’同。气者人之精神作用也。婴儿之精神作用，不分驰于物，故曰：‘专气致柔，能婴儿乎！’”

③马王堆本乙本作“脩除玄监，能毋有疵乎？”甲本作“脩除玄蓝，能毋疵乎？”河上、王、傅、范诸今本都作“涤除玄览，能无疵乎？”涤除，清除。高亨说：“洗垢之谓涤，出尘之谓除。”玄览，是一种神秘主义的直观方法。涤除玄览，就是要把自己的内心打扫干净，清除外物，做到没有瑕疵（采任继

愈说）。疵,《说文》:“病”。训弊病，瑕疵。

④王弼本如此。马王堆本乙本“治”讹作“栝”,“无”作“毋”,“毋”下有“以”字。甲本只残余一个“爱”字。范、傅本“无”下有“以”字。景龙、龙兴碑、王真、李荣“民”作“人”。景龙、开元及唐宋诸本“知”多作“为”，与下文重复。

⑤傅奕及唐宋诸通行本悉如此。马王堆本乙本“开”作“启”。甲本全部损掩。河上公、王弼“为”作“无”。任继愈说:“‘为’，王本及河上公本均作‘无’，唐碑本作‘为’，二十八章‘知其雄，守其雌，为天下谿’，正是‘为雌’的意义。‘无雌’与老子的‘柔弱’‘谦下’的基本思想不合。”“天门开阖”，成玄英疏曰:“河上公本作‘天地开阖’。”劳健从之，谓天地犹乾坤也。这里是指天地间阴阳相推、变化无穷的自然现象。即《易·系辞》所谓:“阖户谓之坤，辟户谓之乾，一阖一辟之谓变。”阖，关闭。开阖，指事物的运动变化。

⑥敦煌丙本作“能无为”。武英殿王本同。傅、范本作“能无以为乎”。马王堆本乙本作“能毋以知乎”。甲本损掩。

⑦王、傅如此。马王堆本乙本“不”作“弗”，但无“为而不恃”句。甲本“生而弗”至末一字“德”中间八字损掩。高亨说:“此五句重见五十一章。”马叙伦说:“此文为五十一章错简。石田羊一郎依余说。”奚侗说:“‘玄德’犹云至德，以其深远，故云玄也。”按:“玄德”一词是从“玄”字派生出来

的，它指天地间生养万物、幽冥难知的“德”。

译文 精神与身体合一，可以不相分离吧？结聚精气以致柔顺，可以像无欲的婴儿吧？清除杂念，深入静观，可以没有瑕疵吧？爱护人民，治理国家，可以不用私智吧？在万物运动变化中，可以处居柔雌吧？明白通达，可以自然无为吧？产生万物，养育万物，产生了万物而不据为己有，促成了万物而不自恃有恩，长养万物而不主宰他们。这就是深远难知的至德。

十一章

题解 本章说明“有”“无”的依存关系和相互作用，但目的在于强调“无”的作用。

原文 三十辐共一毂①，当其无有，车之用②。埏植以为器，当其无有，器之用③。凿户牖以为室，当其无有，室之用④。故有之以为利，无之以为用⑤。

注释 ①王、傅及一般通行本均如此。马王堆本乙本“辐”作“福”，“共”作“同”。甲本只残存“卅”。共，即拱，有拱卫、集中的意思。辐，本作輹，车轮中连接轴心和轮圈的木条。毂，车轮中心有圆孔的圆木，里边贯轴，外边承辐。

②王、傅及一般通行本均如此。马王堆本乙本句末有“也”字，甲本只残余“其无”及“之用”四字。毕沅《考异》：“本皆以‘当其无’断句，按《考工记》‘利转者以无、有为用也’，是应以‘有’字断句，下并同。”近人马、高、朱、劳均从之。高亨说：“‘当’犹‘在’也，‘无’谓轮之空处，‘有’谓轮之实体，言车之用在其空处与实体也。”蒋锡昌《校诂》：“《考工记》无、有为二名，‘无’指车毂内外空间而言，‘有’

指车毂而言。有车毂而无空间，固不能利转，有空间而无车毂，亦不能利转。”张松如说：“老子以‘无’‘有’为二名，且为对立统一之二名，正是统一物之分为二，矛盾的两个侧面。二章‘有无相生’，正说明‘反者道之动’的道理。本章‘有之以为利，无之以为用’，正说明了‘弱者道之用’的道理。”

③河上、王、傅及诸唐本均如此。马王堆本乙本“埏”作“撚”，“以”作“而”，末句作“埴器之用也”。甲本“埏”作“然”，无“而”字，“之用也”三字损掩。毕沅说：“埏，王弼作‘挻’。”开元、《释文》及范应元“埏”均作“挻”。马叙伦说：“《说文》无‘埏’字，当依王弼作‘挻’，而借为‘抟’，《考工记》‘搏埴之工二’，《释文》‘搏’亦作‘抟’，李轨音团。是也。《说文》曰：‘抟，以手圜之也。’于义较当。《风俗通》曰：‘俗说，天地之初开辟，未有人民，女娲抟土为人。’‘抟土’与‘埏埴’同，亦足证《考工记》之‘搏埴’当‘抟埴’。此文之‘埏’为‘抟’之借矣。”埴，黏土。埏埴犹言以手搅弄粘土。

④王、傅及诸今本皆如此。马王堆甲乙本均无“以为室”三字，句末有“也”字。朱谦之《校释》：“景龙碑本上此句为一章。”凿，打孔、作洞。户牖，门窗。

⑤马王堆本甲乙本如此。王、傅及诸今本并同。罗振玉说：

"景龙、敦煌乙、丙三本，均无'故'字。"张松如说："这里的有、无，乃是接续上文言之，当属同谊。二'之'字于此可视作语中助词，无义。"此言甚是，今从之。他又说："老子以利说有，以用说无，或者说是以有见利，以无见用。有与无、利与用，是相对的，不可拆开。体显于用，用显于体。无用，则体无所施；无体，则用无所著；无用，则利无从生。而车、器、室则是有与无的对立统一，唯其有生于无，故其利出于用，不单单是'无'的作用。如果无'有'，也便无'无'，在这具体的器物中，'无'正是'有'的一定存在形式，有与无都是器物的组成部分。"其言甚精辟。

译文 三十根辐条集中到一个毂上，由于轮子的虚处和实体的结合，才起到车轮转动的作用。抟揉黏土做器皿，由于器皿虚处和实体的结合，才起到器皿盛物的作用。开凿门窗造房屋，由于四壁的虚处和实体的结合，才起到房屋住人的作用。所以，实体以一定形态为人们提供的便利，只是由于形成了一定形式的空虚才会产生作用。

十二章

题解 这里老子采取抹杀矛盾的手法来掩盖矛盾，企图取消矛盾，表现了对新社会（封建社会）的文化生活的抵触情绪。

原文 五色令人目盲，五声令人耳聋，五味令人口爽，驰骋田猎令人心发狂，难得之货令人行妨①。是以圣人为腹不为目②。故去彼取此③。

注释 ①王、傅、范及诸唐本均如此。马王堆本甲乙本并作“五色使人目盲，驰骋田猎使人心发狂，难得之货使人行妨，五味使人之口爽，五音使人之耳聋”。甲本“盲”讹作“明”，“心发狂”三字损掩。乙本“聋”字损掩。马王堆本文次与通行本稍异，似有错简。五色，黄、青、赤、白、黑。田猎，打猎。妨，妨害。五味，甜、酸、苦、辣、咸。爽，《逸周书·谥法》：“爽，伤也。”《广雅·释诂》：“爽，伤也。”五音，宫、商、角、徵、羽。

②王、傅、范及诸唐本均如此。马王堆本乙本“圣人”下有“之治也”三字，“腹”下有“而”字。甲本“圣”假作“声”，“腹”下无“而”字，“为目”二字损掩。朱谦之《校释》：“《牟

子·理惑论》引无‘是以’二字。”高本汉《老子韵考》所据本无“是以圣人”四字。蒋锡昌《校诂》:“‘腹’者无知无欲,虽外有可欲之境,而亦不能见。‘目’者可见外物,易受外境之诱惑而伤自然。故老子以‘腹’代表一种简单清静、无知无欲之生活,以‘目’代表一种巧伪多欲,其结果竟至‘目盲’‘耳聋’‘口爽’‘发狂’‘行妨’之生活。明于此,则‘为腹’即为无欲之生活,‘不为目’即不为多欲之生活。”其言甚谛。

③王、傅、范及诸唐本皆如此。马王堆本乙本作“故去彼而取此。”甲本作“故去罢耳此。”“罢”是“彼”的音假,“耳”是“取”的讹书。

译文 缤纷的色彩,使人眼花缭乱;繁复的音乐,使人耳聋;鲜美的食物,使人胃口伤;纵马打猎,使人心发狂;稀有难得的财物,使人行为失常。因此圣人只求吃饱不求好看。所以抛弃前者(目)而采取后者(腹)。

十三章

题解 本章的基本思想跟上章相同，都表现没落阶级对新社会（封建社会）制度的消极对抗态度。

原文 宠辱若惊，贵大患若身[①]。何谓宠辱若惊[②]？宠为上，辱为下[③]，得之若惊，失之若惊，是谓宠辱若惊[④]。何谓贵大患若身[⑤]？吾所以有大患者，为吾有身，及吾无身，吾有何患[⑥]？故贵以身为天下，若可寄天下；爱以身为天下，若可托天下[⑦]。

注释 ①马王堆本甲乙本及诸行本均如此。惟甲本“宠”作“龙”，“患”作“梡”，乙本“宠”作“弄”，皆音假或省文。下并同。宠,《国语·吴语》:“其宠大矣。”韦注:“宠，荣也。”上句“若”作“而”。王引之《经传释词》:“顾懽注老子曰:‘若，而也。’”贵大患若身，高亨说:“此句义不可通。疑原作‘大患有身’,‘贵’字涉下文而衍。‘有’‘若’篆形相近，且涉上句而讹。下文云:‘吾所以有大患者，为吾有身，及吾无身，吾有何患?’正申明此意。”其言甚是。

②马王堆本甲乙本及王弼、傅奕悉如此。惟马王堆甲本“谓”

省作“胃”,“宠”省作“龙”，甲本“何”讹作“苛”。河上、景龙、开元、景福、敦煌丙及苏、范诸本，均无“若惊”二字。

③景福及陈景元、寇才质、张嗣成、李道纯、潘静观诸本悉如此。马王堆甲本作“龙之为下”，乙本作“弄之为下也”。王弼、傅奕、范应元及开元、古楼观、诸唐本、宋本多作“宠为下”，与马王堆本相近。河上、景龙、李荣、吴澄诸本作“辱为下”。劳健《古本考》:“宠辱，谓宠辱之见也；为上，为下，犹第六十一章‘以其静为下’‘大者宜为下’诸言之见也。盖谓以为上为宠，以为下为辱，则得之失之，皆有以动其心，其惊为均也。若以阙文作‘宠为下’一句而解，如以受宠者为下，故惊得如惊失，非其旨矣。作‘辱为下’一句者更不可通。”

④马王堆本甲乙本及河上、王、傅诸通行本皆如此。马王堆本“谓”省作“胃”。强思齐本“谓”作“为”。林希逸《道德真经义》、吴澄《道德真经注》、明太祖《御注道德真经》诸本无“是谓宠辱若惊”句。奚侗说:“吴澄本无‘是谓宠辱若惊’六字，以下文例之，似是。”高亨说:“得宠得辱，失宠失辱，皆若惊者，由于自私其自身。自私其身，则重视外物，重视外物，则情为物移，此人之通病也。或曰‘宠为上，辱为下，得之若惊，失之若惊’当作‘宠为上，失之若惊，辱

为下，失之若惊’。文有窜误耳。”三句“若”字都训“而”，解见“宠辱若惊”句。

⑤马王堆本甲乙本及河上、王、傅、范及诸通行本皆如此。惟马王堆本“谓”“患”用言假如上。龙兴碑“谓”作“为”。“贵大患若身”解详上。

⑥王弼本如此。马王堆本甲、乙本“为吾有身”句末有“也”字，“吾有何患”句首无“吾”字。景龙、敦煌丙、李荣《老子道德经注》及《列子·天瑞》张湛注所引，无“者”字。傅、范“及”作“苟”，傅句末有“乎”字。《牟子·理惑论》所引，无“者”字，“及”作“若”。王引之《经传释词》：“及，犹若也。”

⑦王弼本、范注一本均如此。马王堆本乙本作“故贵为身于为天下，若可以橐天下矣，爱以身为天下，女（安）可以寄天下矣。”甲本末句“可”讹作“何”，无“矣”字。《庄子·在宥》作“故贵以身于为天下，则可以托天下；爱以身于为天下，则可以寄天下”。宋陈景元同此。《淮南子·道应训》引作“贵以身为天下，焉可以托天下；爱以身为天下，焉可以寄天下矣”。傅、范作“贵以身为天下者，则可以托天下矣；爱以身为天下者，则可以寄天下矣。”刘师培说：“考《老子》之书，凡‘乃’词、‘则’词，恒用‘焉’字。如十七章‘信不足，焉有不信’，故知此文古本亦作‘焉’。‘可’字、‘则’字、

'乃'字，均后人训释之词，校者用以代正字，又开元本于此文二'若可'，均改作'则若'，此则不知'若'即'则'义矣。"杨树达《词诠》："若，副词也，乃也，始也。"高亨说："贵者意所尚也，爱者情所属也。以身为天下者，视其身如天下人也。若，犹乃也。视其身如天下人，是无身矣，是无我矣，是无私矣，如此者方可以天下寄托之。"

译文　（人们）受到荣宠和侮辱都会感到惊慌，（而不知道）身体是自己最大的忧患。什么叫作宠辱若惊？（两者比较）受到荣宠是上等的，受到侮辱是下等的。得到这些就感到惊喜，失掉这些就感到惊惧，这就叫作宠辱若惊。怎么说身体是自己最大的忧患？我之所以有祸患，是由于我有此身体；如果我没有这个身体，我还有什么祸患呢？所以，以贵身的态度对待天下，就可以把天下的重担让他担负起来；以受身的态度对待天下，就可以把天下的重任交付给他。

十四章

题解 这里老子把“道”说成是人们无法通过感官认识的超越于具体事物的精神实体。

原文 视之不见名曰夷，听之不闻名曰希，搏之不得名曰微①。此三者不可致诘，故混而为一②。一者，其上不皦，其下不昧③，绳绳兮不可名，复归于无物④。是谓无状之状，无物之象，是谓惚恍⑤。迎之不见其首，随之不见其后⑥。执古之道，以御今之有⑦，能知古始，是谓道纪⑧。

注释 ①今本皆如此。马王堆本甲本作“视之而弗见，名之曰聻；听之而弗闻，名之曰希，捪之弗得，名之曰夷。”乙本同，惟“名”作“命”，“聻”作“微”，第一“命”字损掩。范应元“夷”作“幾”。范曰“幾字，孙登、王弼同古本。”傅奕云：“幾者幽而无象也。”马叙伦、朱谦之、蒋锡昌都以“幾”字义长。然今道藏傅本与诸王本皆作“夷”，《释文》亦作“夷”。注：顾云平也。钟会云灭也，平也，作“夷”亦有依据。张松如说：“视、听、搏之与夷、希、微，诸本交错，似无固谊，大约都是幽而不显的意思，不过就视、听、搏几个不同的方面言之罢了。”其言甚是。又说：“此句帛书作‘播之弗得，名之曰夷’,《说文》:‘播，抚也，摩也。’盖与‘揗’字同谊。‘播’讹为‘搏’，为‘抟’，遂生后世诸本歧义耳，不必强为是非也，故从众作‘搏’。”

②王、傅如此。马王堆本甲乙本均无“故”字。“致诘”假作“至计”,“混”，甲本作“圂”，乙本作“绲”，皆音假。甲本“而为一”三字损掩。高亨说：“致诘，推问也。”又“‘故’疑当读为‘固’，言此三者本合而成一也”。河上公说：“混，合也。”

③范本如此。傅本两“不”字上有两“之”字。马王堆本甲本“皦”作“攸”,“昧”作“忽”。乙本“皦”作“谬”,“昧”作“忽”。注曰：“攸，乙本作谬。按《庄子·天下》论庄周‘谬悠之说’，成玄英疏：‘谬，虚也。悠，远也。’疑当作攸，读为悠，意为谬悠虚远。通行本作皦。”高亨说：“《方言》十二：‘皦，明也。’《说文》:‘昧，闇也。’道，上极九天，然九天之明，非道本体之明也，故曰‘其上不皦’。道，下至九渊，然九渊之闇，非道本体之闇也，故曰‘其下不昧’。质言之，道之本体，无皦昧之变也。”蒋锡昌说：“道之为物，不皦不昧，乃超然绝对，不可以他物比拟，亦不可以任何语言形容也。”傅、范、马王堆本而外，诸本均无“一者”二字。

④河上、傅、范及景福诸今本均如此。马王堆本甲本作“寻寻呵不可名也，复归于无物”。乙本同。惟“名”作“命”。王弼本无“兮”字。马叙伦《校诂》:“《辅行记》十之二引‘复归于无’，无‘物’字。”高亨《正诂》:“绳绳，疑本作‘䨵䨵’，形近而讹。《说文》:‘䨵，冥也。’则䨵䨵犹冥冥矣，谓其不可见也。不可见自不可名，故曰‘䨵䨵不可名’。”

⑤王弼本如此。傅、范“惚恍”作“芴芒”。马王堆本乙本“谓”省作“胃”，“惚恍”作“沕望”。甲本自“象”以下五字损掩。“惚恍”，御注、景福、河上、李道纯各本作“忽恍”，诸王本作“惚恍”。《释文》出“怳”字。陆希声、黄茂材、陈景元、曹道冲各本作“惚怳”，“惚”“怳”字同。奚侗说:“忽怳亦可倒怳忽。与仿佛同谊。”蒋锡昌说:“‘惚恍’或作‘芴芒’，或作‘惚怳’，双声叠字皆可通用。盖双声叠字，以声为主，苟声相近，亦可通假。‘恍惚’亦即仿佛……而《老子》必欲以，‘恍惚’倒成‘惚恍’者，因‘象’‘恍’为韵耳。”“无物之象”，苏辙、林希夷、董思靖各本并作“无象之象。”高亨说:“作‘无象之象’较胜。无状之状，无象之象，句法一律，其证一也；上句既云‘无物’。此不宜又云‘无物’，以至复沓，其证二也。”

⑥王、傅及诸今本如此。马王堆本乙本作“随而不见其后，迎而不见其首”。甲本只残留“而不见其首”五字，余损掩。

马叙伦《校诂》:“《经幢》及《文选·头陀寺碑文》注引两句互易。”盖与马王堆本合。景龙、开元及敦煌丙本,并无二“之”字。

⑦王弼及诸今本如此。马王堆本甲本乙本“古”并作“今”。傅奕本“以”字上有“可”字。景龙本“御”,作“语”。奚侗说:“《诗·思齐》:‘以御于家邦。’郑笺:‘御,治也。’”刘师培说:“有,即‘域’之假字。有通作‘或’,‘或’即古‘域’字。《诗·商颂·玄鸟》‘奄有九有’,毛传:‘九有,九州也。’《国语·楚语》‘共工氏之伯九有也’,韦注:‘有,域也。’此文有即域,域即二十五章‘域中有四大’之域也。御今之有,犹言御今之国家也。”

⑧王、傅之诸今本悉如此。马王堆本甲乙本“能”作“以”,“谓”省作“胃”。甲本“道纪”二字损掩。河上、景龙、广明、景福、敦煌丙本,“能”作“以”,同马王堆本。景龙“纪”作“己”,《小尔雅·广言》:“纪,基也。”道纪,犹言道基。

译文 看它不见叫作“夷”,听它不到叫作“希”。摸它不着叫作“微”。这三者不可推问,所以合而为一。这个所谓“一”,它的上面并不显得光亮,它的下面也不显得阴暗,渺渺茫茫啊,难以言状,重新回到无形无象的状态。这就叫作没有状态的状态,没有形象的形象，这称作“惚恍”。面对它，看不见它的前面；跟随它，看不见它的后面。操执古来的“道”，来治理当今的国家，能知道远古的原始状态，这就是道的始基。

十五章

题解 这里老子对于理想中的得“道”者的品性进行了详细的描绘。

原文 古之善为道者，微妙玄通，深不可识①。夫唯不可识，故强为之容②：豫兮其若冬涉川，犹兮其若畏四邻，俨兮其若客，涣兮其若凌释，敦兮其若朴，浑兮其若浊，旷兮其若谷③。孰能浊以止，静之徐清？孰能安以久，动之徐生④？保此道者不欲盈⑤。夫唯不盈，是以能敝复成⑥。

注释 ①傅奕本如此。马王堆本乙本同傅本，惟“善”字损掩，“通”字作“达”，“识”字作“志”。甲本前二句俱损掩，只剩“深不可志”四字。河上、王弼“道”作“士”。俞樾说：“河上公注曰‘谓得道之君也’，则‘善为士者’当作‘善为上者’，故以‘得道之君’释之，‘上’与‘士’形似而误耳。”易顺鼎说：“《文子·上仁》引此章云‘古之善为天下者’，疑亦指君而言。疑‘士’字或系‘天下’二字之误。”马叙伦说：“《后汉书·党锢传》注引作‘道’，依河上注，盖河上亦作‘道’字……论文，‘道’字为是。今王本作‘士’者，盖六十八章之文。”“道”字义长，今从之。

②傅奕、王弼、河上公诸今本悉如此。傅本“容”后有“曰”字。马王堆本甲乙本都有“曰”字,“识”作“志”。司马光《道德真经论》无“可”字。《道德真经次解》引龙兴碑文无“故”字。寇才质《道德真经四子古道集解》无“之”字。易顺鼎说：“《文选·魏都赋》张载注引《老子》曰：‘古之士，微妙玄通，深不可识。夫唯不可识，故强为之颂。’作颂者古字，作容者今字。强为容，犹云强为之状。”

③马王堆本乙本作“与呵其若冬涉水，猷（犹）呵其若畏四哭（邻），严呵其若客，涣呵其若淩（凌）泽（释），沌呵其若朴，湷呵其若浊，莊呵其若浴（谷）”。甲本大致相同，惟字多损掩，不成句读。景龙、敦煌、开元诸唐本，七句皆无“兮”“其”字。王本“豫兮”作“豫焉”，无前二“其”字及第四“其”字。傅本无前四“其”字,“浑兮”与“旷兮”两句，前后倒置。范与景福本同马王堆本，句中有“其”“兮”二字。惟王、傅、范及景福诸本,“冬涉水”作“冬涉川”,“凌释”作“冰之将释”。今“涉川”依今本,“凌释”依马王堆本。其余各句，都参照各本，重新写定。近人蒋锡昌《校诂》、朱谦之《校释》及张松如《校读》，各有创获，可以参证。豫，谨慎。犹，疑惑。严，严肃。涣，松散、脆弱。凌，冰块。旷，胸怀开朗。

④奚侗《集解》如此。上句依河上公注语，增“止”字，下句依景福本。傅奕本“止”作“澄”，“静”作“靖”，两“之”“徐”间有两“而”字。《永乐大典》王本与道藏陆希声、吕惠卿、邵若愚、董思靖、彭耜、吴澄、杜道坚诸本，无“止”字、“久”字。马王堆本甲乙本均作“浊而静之徐清，女（安）以重（动）之徐生”。

⑤王、傅及诸今本悉如此。马王堆本甲本作“葆此道不欲盈”。乙本“道”与“欲”间损掩二字。马叙伦说：“庄本《淮南子·道应训》引‘保’作‘复’。汪本引同此。《文子·守弱》篇引作‘服’。伦谓‘保’‘复’‘服’之幽二类通假也。”

⑥道藏司马本如此。景龙与道藏龙兴碑本、李荣本，均省“是以”二字，余悉同。马王堆本甲本作“夫唯不欲盈，是以能𡚸而不成。”易顺鼎说：“疑当作‘故能蔽而新成’，‘敝’者，‘蔽’之借字，‘不’者，‘而’之误字也。敝与新对，能敝而新成者，即二十二章所云‘敝则新’，与上文能浊而清，能安而生同意。《淮南子·道应训》作‘故能蔽而不新成’。可证古本原有‘而’字，‘不’字殆后人臆加。”高亨《正诂》：“易说是也。篆文‘不’字作，‘而’作，形近故讹。《墨子·兼爱》下‘不鼓而退也’，‘而’乃‘不’之讹，可以互证。”此“敝而新成”与“敝复成”谊正同。

译文 古代善于行“道”的人，精微奥妙，深远通达，深刻得非一般人所能理解。正因为他不是一般人所能理解，所以要勉强对他进行描绘：谨慎小心啊，他像冬天涉水过河；踌躇疑惑啊，他像警惕邻国的围攻；庄重严肃啊，他像盛筵中的宾客；松脆散脱啊，他像冰块快要融解；淳朴厚重啊，他像未经雕凿的素材；混然包容啊，他像浑浊的泥水；开朗深沉啊，他像高山峻谷。谁能在这浑浊而又凝滞的环境里，镇静下来，使它们慢慢地澄清？谁能在这安定而又持续的环境里，推动起来，使它们慢慢生长？保持这个“道”的人，不要求满足欲望。正因为他们不要求满足欲望，所以能除旧更新，获得成功。

十六章

题解 此章老子提出“致虚”“守静”“归根”“复命”四个问题。在老子的哲学体系中,“虚”指“道”的本体,“静”指“道”的运用;由体显用,由用返体,虚极静笃,可以谛观万物之变。老子具有一定水平的辩证法思想,认为对立是过程,是相对的;统一是归宿,是绝对的。老子这里的所谓“常”,主要指“静”,而在“静”中,又包含着“动”。“静”指“统一”,“动”指“对立”。老子强调“静”,也就是强调“统一”。他虽然看到了矛盾的对立和转化,但他并不认为必须揭露矛盾,解决矛盾,以促进自然的改造和社会的发展,而是主张调和矛盾,保持统一,以求得到内心的平静和生活的安定。于是,在理论上,便形成了历史循环论和保守主义的观点。

原文 致虚极,守静笃。万物并作,吾以观其复①。夫物芸芸,各复归其根②。归根曰静,静曰复命③,复命曰常,知常曰明④。不知常,妄,妄作,凶;知常,容,容乃公⑤,公乃全,全乃天,天乃道,道乃久⑥,没身不殆⑦。

注释 ①傅奕及《淮南子·道应训》《文子·道原》篇所引悉如此。河上公本“以”下有“是”字。王弼本无“其”字。景福本“致”作“至”，古字通。马王堆本一、二、四句末都有“也”字。甲本“静笃”作“情表”，“并作”作“旁作”。乙本“静笃”作“静督”，“并作”亦作“旁作”。盖音假。

②河上及诸王本悉如此。傅、范“夫”作“凡”，“芸芸”作“䖧䖧”，无“复”字。马王堆本乙本作“夫物秐秐，各复归于其根”。甲本“芸芸”省作“云云”，“根”字损掩。芸芸，众多。根，根源，指“道”。高亨说：“‘复’字疑上下文而衍，傅本可据。此言‘各归其根’，下文云‘归根曰静’，正相承，故知‘复’字为衍文，‘归’字非衍文也。归根，犹云返本，谓复其本性也。”

③傅、范、景龙、开元、敦煌皆如此。河上与诸王本“静曰复命”作“是曰复命”。马王堆本乙本作“曰静。静，是胃（谓）复命”。显有讹夺。甲本“曰静”二字损掩。奚侗说：“‘静曰’各本作‘是谓’，与上下文例不合。”命，指本性。

④河上公、王弼与傅、范、景龙、开元、敦煌皆如此。马王堆本作“复命，常也；知常明也”。甲本同。高亨说：“常，乃自然之义。归根复命，是全其本性之自然，故曰复命曰常。”

⑤马王堆本如此。惟“妄”字甲本假作“帯”，乙本假作“芒”。他本皆无前“妄”字。景龙“妄”作“忘”，“乃”作“能”，

以下四“乃”字皆作“能”。龙兴碑及李荣并同。

⑥劳健《古本考》如此。诸本“全”作“王”。马王堆本同。马王堆本乙本“王”字模糊，甲本尚清楚。甲本“道乃久”三字损掩。乙本亦脱“久”字。劳健说：“‘知常容，容乃公’，以容、公二字为韵。‘天乃道，道乃久’，以道、久二字为韵。独‘公乃王，王乃天’二句韵相远。‘王’字义本可疑，王弼注此二句云：‘荡然公平，则乃至于无所不周普也，无所不周普，则乃至于同乎天也。’‘周普’显非释‘王’字。道藏龙兴碑本‘公能生，生能天’，‘生’字更不可通。按《庄子·天地》云：‘执道者德全，德全者形全，形全者神全，神全者圣人之道也。’此二句‘王’字盖即‘全’字之讹。‘公乃全，全乃天’，全、天二字为韵。王弼注云‘周普’是也。又《吕览·本生》篇‘天子之动也，以全天为故者也’，高注‘全，犹顺也’，可补王注未尽之义。今本‘王’字，碑本‘生’字，当并是‘全’之坏字，‘生’字尤近于‘全’，可为蜕变之验也。”劳说甚是。今据改。

⑦马王堆本乙本及诸今本皆如此。马王堆本甲本“没”作“沕”，“殆”作“怠”，皆音假相通。开元、傅、范诸本“没”作“殁”。没身，犹言终身。殆，危险，刑辟。

译文 努力追求心灵虚寂，切实保持清静。万物都生长，我就此而观察它们的往复循环。万物蓬蓬生息，最后各自都回到自身的根源。回复到自身的根源，就叫清静，清静就叫恢复本性，恢复本性就叫“常”（自然），认识自然就叫高明。不认识自然，就会轻举妄动，一轻举妄动，就会招惹灾祸。认识了自然，就能包容一切；包含一切，才能大公无私；大公无私，才能圆通周遍；圆通周遍，才能合于自然；合于自然，才能符合“道”；符合“道”，才能持久，一辈子才不会遭遇危险。

十七章

题解 老子的哲学思想和他的社会政治思想是紧密地联系在一起的，他站在没落阶级的立场，寄希望于其理想中的“圣人”，希望他们“处无为之事，行不言之教”，做到“为而弗有，功成而弗居也”。

原文 太上，不知有之①；其次，亲之；其次，誉之；其次，畏之；其次，侮之②。故信不足，焉有不信③。犹兮其贵言哉④！功成事遂，百姓皆曰：“我自然⑤。”

注释 ①马王堆本甲本及河上、王、傅、范诸本皆如此。马王堆本乙本“有”假作“又”，“之”字损掩。邓锜《道德真经三解》、吴澄《道德真经注》、明太祖《御注道德真经》，“下”作“不”。王夫之《老子衍》、焦竑《老子翼》，均从之。高亨说：“太上者最之居也。下知有之者，民知有君而无爱恶恩怨于其间也。”

②傅奕如此。范与景龙、开元、道藏龙兴碑本、《永乐大典》王本，皆作“其次，视之而誉之，其次，畏之侮之”。道藏武英殿两王本，则作“其次，亲而誉之，其次，畏之；其次，

侮之”。马王堆本甲本作“其次，亲誉之；其次，畏之；其次，母之”。乙本同，前一“次”字损掩。今从傅本写定。

③傅奕本如此。景福、河上本无“故”字，景龙、开元、敦煌本并无“焉”字。范作“故信不足焉，有不信焉”。诸王本如范，无“故”字。马王堆本甲本作“信不足，案有不信”。乙本同，“案”作“安”。王念孙《读书杂志》：“‘信不足’为句，‘焉有不信’为句。‘焉’，于是也。言信不足，于是有不信也。”

④傅、范如此。马王堆本乙本作“猷呵，其贵言也”。甲本同，惟“猷呵”二字损掩。王弼本作“悠兮，其贵言”。景龙及寇才质本、白玉蟾本，“犹”作“由”。景龙、开元诸本无“兮”字、“哉”字。朱谦之说：“御注、邢玄、庆阳、磻溪、楼正、室町、顾欢、高翿、彭耜、范应元俱作‘犹’，‘由’与‘犹’同。《荀子·富国》‘由将不足以勉也’，注：‘与犹同。’《楚辞》‘尚由由而进之’，注：‘犹豫也。’《老子》五十章‘犹兮若畏四邻’，与此‘由其贵言’之‘由’字谊同，并有思悠悠貌。故作‘悠’字，义亦通。”贵言，不轻易说话。

⑤傅、范如此。马王堆本甲本乙本均作“功成事遂，而百姓谓我自然”。诸王本“皆曰”作“皆谓”。景龙、开元、《道德真经》诸本，无“皆”字，“曰”作“谓”。遂，动词，完成。高亨说：“我者，盖百姓自谓也。功成事遂。百姓皆曰‘我自

然'，不知其君之力也。《论衡》及《帝王世纪》所载《击壤歌》：'日出而作，日入而息，凿井而饮，耕田而食，帝力何有于我哉？'即此意也。"

译文

最好的统治者，人们不知道他的存在；次一等的统治者，人们爱戴他；再次一等的统治者，人们称誉他；更次一等的统治者，人们害怕他；最下等的统治者，人们轻蔑他。所以，诚信不足，就会有不信任的心理。（最好的统治者）总是那样地深思熟虑啊，不轻易发表意见呀！功勋建立了，事业完成了，百姓们都说："我们本来就是如此。"

十八章

题解 本章承上章“故信不足，焉有不信”而来，在病态社会的反常现象中，提出所谓仁义、智慧、孝慈、贞臣等等。从相反相成的规律中，看出它们之间对立和统一的关系来，透露了老子的一些有价值的辩证法思想。

原文 大道废，有仁义。智慧出，有大伪①。六亲不和，有孝慈。国家昏乱，有贞臣②。

注释 ①河上本及开元、敦煌诸唐本悉如此。诸王本“智慧”作“慧智”，景龙“仁义”作“人义”。马王堆本甲本作“故大道废，案有仁义。知快出，案有大伪”。乙本“案”作“安”，“大伪”二字损掩。甲乙本均以“故”字冠首，似紧接上章而言，这说明《老子》一书，原不分章。八十一章，皆为后人所臆定。傅本与广明本两“有”字上，均有“焉”字，范本“焉”字属上。

②傅本如此，马王堆本甲本作“六亲不和，案有畜兹。邦家闆乱，案有贞臣”。乙本作“六亲不和，安又孝兹。国家闆乱，安有贞臣”。广明本两“有”字上均有“焉”字。范本“焉”

字属上。“贞臣”今王本、河上本及景龙、开元、敦煌诸本皆作“忠臣”。范应元说：“‘贞’字，严遵、王弼同古本。世本多作‘忠’，盖避讳也。”六亲，焦竑《老子翼》引王辅嗣云：“父子、兄弟、夫妇也。”

译文 大“道”被废弃了，才会提倡所谓仁义。智慧出现了，才有严重的诈伪。父子、兄弟、夫妇之间不和，才会提倡所谓孝慈。国家政治昏乱，才有所谓忠臣。

十九章

题解 本章大意也是从前章推演而来。老子认为人们迷失本性是导致国家昏乱之由，他主张回到原始状态："见素抱朴，少私寡欲""绝学无忧"，才是从根本上治理国家的好办法。

原文 绝圣弃智，民利百倍；绝仁弃义，民复孝慈；绝巧弃利，盗贼无有①。此三言也，以为文未足，故令之有所属②。见素抱朴，少私寡欲③，绝学无忧④。

注释 ①今通行本悉如此。傅及开元、龙兴碑，"智"作"知"。龙兴碑及李荣《老子道德注》"民"作"人"。马叙伦《校诂》，"盗贼"作"盗跖"。马王堆本乙本，两"民"字上有两"而"字；甲本无"而"字，惟"倍"假作"负"，"孝"假作"畜"，甲乙本"慈"均省作"兹"。

②马王堆本甲乙本悉如此。河上、王弼及诸今本多作"此三者以为文不足，故令有所属"。景龙、景福无"以"字。龙兴碑"以"作"言"。范应元"三"上无"以"字，"足"下有"也"字。傅奕作"此三者以为文而未足也，故令有所属"。文，这是指理论原则。令，动词，使。属，遵循，依照。

③河上、王、范及诸唐本悉如此。傅“抱”作“褒”。马王堆本乙本“私”下有“而”字，甲本只残存“见素抱”三字，余尽损掩。道藏王真《论兵要义述》，作“少思寡欲”。改“私”作“思”，非是。已有蒋锡昌论证，可以参阅。

④马王堆本乙本及诸通行本悉如此，甲本损掩。诸今本均在下章首，今依马王堆本写定。蒋锡昌《校诂》:“此句自文谊求之，应属上章（即此章），乃‘绝圣弃智……绝仁弃义……绝巧弃利’一段文字之总结也。晁公武《郡斋读书志》谓唐张君相《三十家老子注》以‘绝学无忧’一句，附‘绝圣弃智’章末，以‘唯之与阿’别为一章，与诸本不同，当从之。后归有光、姚鼐亦以此句属上章，是也。”高亨说:“此句应属本章，请列三证。‘绝学无忧’与‘见素抱朴，少私寡欲’，句法相同，若置在下章，为一孤立无依之句，其证一也。足、属、朴、欲、忧为韵（足、属、朴、欲在古韵侯部，忧在古韵幽部，二部往往通谐），若置在下章，于韵不谐，其证二也。‘见素抱朴，少私寡欲，绝学无忧’，文意一贯，若置在下章，则其文意远不相关，其证三也。《老子》分章，多有戾替，决非原书之旧。”

译文 灭绝聪明，抛弃智慧，人民将获利百倍；抛弃仁德，丢开义理，人民将回到孝慈；摒弃巧诈，去掉私利，盗贼才能绝迹。这三句话呀，作为原则还不够，所以要（做具体指示）使人民的行动有所遵循:（那就是）表现单纯，存心淳朴，减少私心，降低欲望，抛弃文明，才能免除忧患。

二十章

题解 这是一首貌似自嘲、实系自吹的哲理诗，最后一句说出老子的正面意见，他和别人所不同之处，在于得到了“道”（采任继愈说）。

原文 唯之与阿，相去几何？美之与恶，相去若何①？人之所畏，不可不畏。荒兮，其未央哉②！众人熙熙，如享太牢，如登春台③。我独泊兮，其未兆④，沌沌兮⑤，如婴儿之未孩，儽儽兮，若无所归⑥。众人皆有余，而我独若遗，我愚人之心也哉⑦。众人昭昭，我独昏昏；众人察察，我独闷闷⑧。惚兮其若海，恍兮其若无所止⑨。众人皆有以，而我顽似鄙⑩。我独异于人，而贵食母⑪。

注释 ①傅奕与道藏龙兴碑本如此。马王堆本甲本作“唯与诃，其相去几何？美与恶，其相去何若？”乙本“诃”作“呵”，“恶”省作“亚”。河上、王弼及诸唐本、宋本，“美”皆作“善”，“何若”作“若何”。刘师培说：“阿当作诃，《说文》：‘诃，大言而怒也。’《广雅·释诂》：‘诃，怒也。’诃，俗作呵。《汉书·食货志》'结而弗呵手'，颜注：'责怒也。'盖'唯'为应词，'诃'为责怒之词。人心之怒，必起于有所否，故老子因叶下文'何'韵，以'诃'代'否'，唯之与阿，犹言从之与违也。"蒋锡昌说："顾本成疏：'顺意为美，逆心为恶。'二章'天下皆知美之为美，斯恶已'，彼此并美恶对言。傅本'善'作'美'，应从之。此文阿、何、恶、若为韵，诸本'若何'作'何若'，亦应从之。"

②河上、王弼如此。"荒"字，景龙作"忙"，龙兴碑作"莽"。傅奕无"哉"字。景龙、开元及龙兴碑，无"哉"字及"兮"字。潘静观《道德经妙门约》"兮"作"乎"。马王堆本乙本作"人之所畏，亦不可以不畏人。望呵其未央才。"甲本残缺，荒，借为巟。《说文》："巟，水广也。"未央，无边际。

③河上本、范本及《道德真经》诸家注本悉如此。傅奕及景龙，两"如"字均作"若"。马王堆本甲乙本俱作"众人熙熙，若飨太牢，而春登台"。王弼、傅奕及开元刻诸唐本，皆作"春登台"，同马王堆本。熙，和乐。马叙伦说："'熙'为'娶'之借字。并《说文》：'娶，说乐也。'如登春台，王本原作'如春登台'，河上本作'如登春台'。《北堂书钞》一五四、《玉烛宝典》三、《艺文类聚》三、《文选·秋兴赋》李注、《闲居赋》李注并引同河上。自魏迄唐，已多'春台'连文，且与'如享太牢'句法一样。"今据改。享，马王堆本作"飨"，享受。

太牢，古代帝王诸侯祭祀社稷时所用牛、羊、猪三牲。

④河上、王弼如此。马王堆本甲本作“我泊焉未佻”，乙本作“我博焉未垗”。范与景福、敦煌作“怕”。傅与景福、龙兴碑作“魄”。景龙及龙兴碑，无“兮”字及“其”字。泊，恬静。兆，征兆。

⑤王、傅皆如此。“沌”字，《释文》作“忳”，河上作“纯”。马王堆本甲本作“惷惷呵”，乙本作“湷湷呵”。此三字诸本均在下文“我纍人之心也哉”句后。马叙伦说：“此三字当在‘若婴儿之未咳’上，所以形容婴儿浑沌未分，不知咳笑，与‘儽儽兮’对文。”此说于文谊甚顺，今从之。

⑥王本如此。马王堆本乙本作“若婴儿未咳，纍呵佁无所归”。甲本残缺，只剩“纍呵如”三字。傅本作“若婴儿之未咳，偶偶兮，其不足以无所归”。“不足以”，范、陆作“不足似”。范说：“此句，王弼同古本，河上公作‘乘乘兮，若无所归’，严遵作‘若无所之’，今从古本。”据此以推，范所见王本，当作“儽儽兮其若不足，似无所归”。较今王本多“不足似”三字。孩，亦作咳。《说文》：“咳，小儿笑也。从口，亥声。古文咳，从子。”儽儽，一作偶偶，一作累累。《说文》：“儽，垂貌。一曰嬾懈。”《广雅·释训》：“儽儽，疲也。”《礼记·玉藻》“丧容纍纍”，注：“纍纍，羸惫貌也。”《史记·孔子世家》：“儽儽若丧家之狗。”其意并与此同。蒋锡昌说：“人

有情欲，则务求以得之，故其行动必有所归。‘儽儽兮其若不足，似无所归。’言圣人无情无欲，貌若羸疲不足，而其行动泛若不系之舟，又似无所归也。”

⑦王及诸今本皆如此。马王堆本甲本作“众人皆有余，而我独遗，我愚人之心也”。“众人”二字损掩；乙本无“我独遗”一句，显有讹夺。傅及景龙、开元、龙兴碑及《道德真经》诸本，无“而”字。范本“我”“愚”之间有“独”字。景龙、开元、龙兴碑，无“也哉”二字。于省吾《新证》：“如‘也哉’及‘兮’等今本虚字，皆后人所增，‘我愚人之心沌沌’七字作一句读，于文为适。沌沌，浑厚之意，正形容愚人之心。”高亨《正诂》：“此句（我愚人之心也哉）疑后人注语。”二说可供参考。

⑧河上本如此。王弼二“众”字均作“俗”。傅、范两“俗人”下都有“皆”字，两“独”字下都有“若”字。马王堆本乙本作“鬻人昭昭，我独若闾呵；鬻人察察，我独闽闽呵”。甲本同，前二句中间六字损掩。昭昭，精明。昏昏，糊涂，愚蠢。察察，头脑清醒。闷闷，马王堆本作“闽闽”，犹懵懂。

⑨此二句参照马王堆本及广明、景福诸本写定（采张松如说）。马王堆本甲本作“忽呵其若海，望呵其若无所止”。乙本作“沕呵其若海；望呵若无所止”。广明、景福作“忽兮其若海，漂兮若无所止”。开元、敦煌作“忽若晦，寂兮似无所

止”。“惚兮”，傅作“淡兮”，范作“澹兮”。“恍兮”，傅、范作“飘兮”，王作“飂兮”。王无“所”字。

⑩河上、王弼如此。马王堆本乙本作“众人皆有以，我独门无以鄙”。甲本损掩，只残剩末二字“以悝”。傅下句无“而”字，作“我独顽且图”。“似”字，龙兴碑同马王堆本，亦作“以”。道藏邵若愚、董思靖、林希逸、邓锜、彭耜诸本同傅奕，亦作“且”。王弼说：“以，用也。”俞樾《平议》：“似，当读为以。古以、似通用。《易·明夷·彖传》‘文王以之’，《释文》曰：“以，向、荀本作似。’《诗·旄丘》‘必有以也’，《仪礼·特牲馈食礼》注引作‘必有似也’。并其证也。”张松如说：“似，以古通。古以字作吕，且与以形近而误。‘似’‘以’‘且’遂并用作等列连词。”顽，笨拙。鄙，卑贱，无能。

⑪王弼本如此。马王堆本甲乙本作：“吾欲独异于人，而贵食母。”傅奕作“吾”，“欲”在“独”字下。北京图书馆敦煌本及龙兴碑本无“独”字。“而贵食母”，诸本并同马王堆本。独唐玄宗《御注道德真经》作“而贵求食于母”，并自注云：“先无‘求’‘于’两字，今所加也。”明非古义。而开元、古楼观、陈象古、寇才质、邵若愚、张嗣成以至范应元诸本多从之。苏辙《道德真经注》及吕知常《道德真经讲义》“而”作“几”。刘师培《老子斠补》：“此文食母，义不可晓。疑当作

‘得’，即五十二章之‘得其母’也，《逸周书·武寤解》‘王食无疆’，朱骏声云：‘食，疑当读为“德”。’孙诒让《斠补》云：‘朱说是。德，正字作“悳”，食，隶书作“飠”，二字形近而误。’此古籍德误食之证。德、得古通。《老子》一书，亦恒假德为得。悳、食形近，遂由悳字讹为食。母者所以喻道本也。”《韩非子·解老》篇述有国之母曰：“所谓有国之母，母者道也。道也者，生于所以有国之术。所以有国之术，故谓之有国之母。此母字最古之诂也。”劳健《古本考》：“《老子》一书，凡言本者，常用母字，以取叶韵。第五十二章‘既得其母，以知其子；既知其子，复守其母。’明指本末而言。他如第一章‘万物之母’，第二十五章‘可以为天地母’，第五十九章‘有国之母’，义皆如本。”据刘、劳二说，“食”当作“德”。“德”通“得”，这里训“得”。“母”训“本”，训“道”，这里指“道”。“食母”犹言“得道”。

译文 应诺与呵斥，相差有多远？美好与丑恶，相差在哪里？别人所害怕的，不可不怕。（这些道理）真是广阔得没有边际呀！众人熙熙攘攘，欢欢喜喜，好像去参加盛大的宴会，又像春日里登台眺望。我独淡泊悠然，毫无感触。浑浑噩噩啊，好像婴儿还不会发笑；没精打采啊，好像无家可归。大家都很富裕，独有我却像丢失了什么似的，我真是愚人的心肠啊！大家都很精明，我却这么糊涂；大家都很精细，我却这么懵懂。空荡啊，好像茫无边际的海洋；飘忽啊，好像无处栖息。大家都有所聊赖，我独显得笨拙无能。唯有我区别于一般人，是由于我得到万物之本（母）——道。

二十一章

题解 此章描述精神性的“道”在恍惚窈冥中产生天地万物。“道”是第一性的；具体的万物是第二性的，是由“道”派生的。

原文 孔德之容，惟道是从①。道之为物，惟恍惟惚②。惚兮恍兮，其中有象。恍兮惚兮，其中有物。窈兮冥兮，其中有精③。其精甚真，其中有信④。自今及古，其名不去，以阅众甫⑤。吾何以知众甫之然哉？以此⑥。

注释 ①马王堆本甲本及诸今本悉如此。景龙“德”作“得”。唐李约《道德真经新注》、明太祖《御注道德真经》《永乐大典》本，“是”作“之”。孔，河上公说：“孔，大也。”容，高亨说：“容，疑借为搈，动也。《说文》：‘搈，动搈也。’‘孔德之容，惟道是从’，言大德者之动，惟从乎道也。王弼注：‘动作从道。’似以动释容。”

②王本如此。诸本大致相同，惟“恍”“惚”两字，各本写法不一样；有的作“慌惚”，有的作“怳忽”，有的作“芒芴”，有的作“怳惚”。“恍惚”系联绵词，以音义为主，字形多式多

样，不足为怪。下四句亦然。马王堆本乙本作“道之物，唯望唯沕”，省一“为”字。甲本同，“望”“沕”作“坚”“物”，盖皆声假；下四句亦然。

③诸王本与宋刊河上本、傅本如此。河上作“怳”“忽”，傅作“芒”“芴”，又“窈”作“幽”。马王堆本乙本作“沕呵望呵，中有象呵。望呵沕呵，中有物呵。幼呵冥呵，其中有请呵”。甲本作“忽呵怳呵，中有象呵。望呵忽呵，中有物呵。㵿呵鸣呵，中有请吔”。范应元本作“芴兮芒兮，中有象兮。芒兮芴兮，中有物兮。幽兮冥兮，中有精兮”。除借字假字不计，正与马王堆本相同。此六句依范应元本写定。开元与伦敦图书馆敦煌本作“忽兮怳，其中有象。怳兮忽，其中有物。杳兮冥，其中有精”，省三“兮”字。窈，深远。冥，暗昧。精，精气。

④河上、王、傅及诸今本悉如此。马王堆本甲乙本并同，惟“精”假作“请”，甲本“有信”二字损掩。王弼说：“信，信验也。”

⑤傅、范如此。马王堆本甲乙本略同。惟末句作“以顺众父”。“自今及古”，他本皆作“自古及今”。马叙伦说：“各本作‘自古及今’，非是。‘古’‘去’‘甫’韵。范谓王弼同古本，则今弼注中两作‘自古及今’，盖后人依别本改经文，并及弼注矣。”俞樾《平议》：“谨按甫与父通。众甫者众父也。

四十二章‘我将以为教父’，河上公注曰：‘父，始也。’而此注亦曰‘始也’，然则众甫即众父矣。”宋李霖《道德真经取善集》引王弼注：“众甫，物之始也。以无名阅万物始也。”成玄英疏：“阅，览也。”览，训观。阅众甫，犹言观察万物之始也。

⑥诸唐本如此。傅、范“何”作“矣”。景福无“之”字。王弼与《释文》，“然”作“状”。景龙、李约及北京图书馆敦煌本，“众”作“终”。马王堆本乙本作“吾何以知众父之然也？以此”。甲本无“也”字。

译文 大德之人的行动，只是以道为准绳。“道”这个东西，变化莫测，无影无形。恍恍惚惚啊，恍惚之中，却有物象。恍恍惚惚啊，恍惚之中，却有实体。深远暗昧啊，深远暗昧之中，却涵育着细微的精气。这精气很实在，里面包含着具体的内容。从现今追溯过去，它的名字永远不会废除。根据它，就能认识万物的起源。我凭什么去认识万物起源的情状呢？就凭这个（道）。

二十二章

题解 此章揭示老子处在新旧交替时代，常持“辞让”“曲全”的态度，以求全身而远祸，以退为进的政治策略。

原文 “曲则全，枉则正；窪则盈，敝则新；少则得，夫则惑①。”是以圣人抱一，为天下式②。不自见，故明，不自是，故彰；不自伐，故有功；不自矜，故长③。夫唯不争，故天下莫能与之争④。古之所谓曲则全者，岂虚言哉？诚全而归之⑤。

注释 ①傅、范及景龙、敦煌、龙兴碑诸本悉如此。河上、王弼及开元，“正”作“直”。马王堆本甲乙本全同。惟甲本“全”讹作“金”，“正”假作“定”；乙本“枉”讹作“汪”，“敝”写作“𡚁”；两本“窪”均省作“洼”。苏辙《道德真经注》“惑”下有“矣”字。范应元说：“‘正’字王弼同古本，一作‘直’。”奚侗说：“全、正、盈、新为韵，以全、新韵正，盈乃音变。如《九辨》清、人、新、年、生、怜、声，鸣、征、成相韵之例。”马王堆本甲本“定”字，亦“正”字音假。

②王、范与诸唐本如此。傅本无“是以”二字，作“圣人裒

一，以为天下式。”马王堆本均有“是以”二字，“抱”作“执”，“式”作“牧”；“圣”字甲本假作“声”，乙本省作“聊”。按，“式”与“得”“惑”为韵，故从今本写定，作“式”，不从马王堆本作“牧”。易顺鼎说：“式，即栻字。《广雅》：‘栻，楬也。’楬有天地，所以推阴阳，占吉凶，以枫子枣心木为之。《汉书·王莽传》‘天文即案栻于前’，即此。字亦作式。《周礼》：‘太史抱天时，与太师同车。’郑司农曰：‘大出师，则太史主抱式，以知天时，处吉凶。’此式字，即此义。”任继愈说：“式，也作栻，是古代占卜用的一种迷信工具，到汉代卖卜的人还使用它。见《史记·日者列传》。根据它转动的结果，来判断占卜的人的吉凶祸福。《老子》这里是说，‘圣人’观察天下的命运，也要用这个工具，这个工具，不是木制的式，而是用‘一’作为式（工具），这一个‘一’，就是道。”

③河上、王、傅、范诸通行本悉如此。马王堆本甲本作“不自视，故明；不自见，故章；不自伐，故有功；弗矜，故能长”。乙本作“不自视，故章；不自见也，故明；不自伐，故有功；弗矜，故能长”。敦煌及龙兴碑，“不自见，故明”，在“不自是，故章”下。李约《道德真经新注》“不自伐，故有功”，在“不自矜，故长”下。

④王、傅、范及诸今本悉如此。马王堆本甲乙本均无“天下”两字。成玄英《义疏》无“之”字，敦煌、龙兴碑及唐李荣

《老子道德真经注》并无“天下”及“之”字。唐李约本及明危大有本，无“故”字。宋叶梦得《老子解》下句作“是以天下莫能争”。蒋锡昌《校诂》:“宋河上本同此。道藏河上本‘争’作‘矜’，涉上‘矜’而误。河上注:‘此言天下贤与不肖，无能与不争者争也。’可证。”

⑤王、范诸本悉如此。傅奕本“言”下有“也”字。马王堆本乙本作“古之所谓曲全者，几语才？诚全归之”。甲本同，惟上句“之”至“几”七字损掩，下句“全”讹作“金”。景龙与道藏龙兴碑二三两句作“岂虚语故成全而归之”。并无“也哉”二字，有“故”字，“诚”作“成”。张松如说:“他本‘成’皆作‘诚’，无‘故’字。‘诚’谓信然，‘故’与‘固’通，亦明不虚，其义一也。今验之帛书，盖作‘诚’是。”马叙伦《校诂》:“此三句似注文。”意谓于经为衍文。今查马王堆本此三句系白文，无注，此疑可以消除。

译文

“受得住委屈，才能保全自己；经得起冤屈，事理才能得到伸直。低洼反能盈满，凋敝反而新生，少取反而多获，贪多反而昏迷。”因此，圣人用“道”（一）作为观察天下万物的工具。不固执己见，所以事事物物看得分明；不自以为是，所以是是非非判得清楚；不自我夸耀，事业才能有成就；不自高自大，才能充当首领。正因为不跟别人争夺，所以天下没有谁能争得过他。古时所谓“委屈反能全身”等语，难道是空话吗？其实在危难中能保全自己的人，全凭懂得这个道理。

二十三章

题解 此章老子奉劝人们：相信“道”，皈依于“道”，就能得到“道”。

原文 希言自然①。故飘风不终期，骤雨不终日②。孰为此者？天地③。天地尚不能久，而况于人乎④？故从事于道者，同于道；德者，同于德；失者，同于失⑤。同于道者，道亦乐得之；同于德者，德亦乐得之；同于失者，失亦乐得之⑥。信不足，焉有不信⑦。

注释 ①马王堆本甲乙本及河上、王、范并唐宋诸本悉如此。傅本“希”字作“稀”。王注引十四章“听之不闻名曰希”，谓希言犹言微言、罕言、无言也。姚鼐本移此句属上章，谓言、全、然为韵。其实马王堆本“言”字作“语”，叶韵之说，难以成立。高亨《正诂》从之，并改“希”为“常”，谓形近而误。亦不足信。奚侗说：“以文例求之，必有偶语，上下或有脱简。”马叙伦说：“此句上下有脱文。”亦不可从。此处“自然”疑指自然规律或自然现象，下文“飘风”“骤雨”“天地”等词，都跟自然有关。希言，训罕言（从王注）。主语“圣人”，省略。此言在科学极不发达的古代，圣人对变化莫测的自然界，不想多说，也不能多说。

②河上及景龙、广明、景福、古观楼、龙兴碑并唐宋诸本多如此。王本句首冠“故”字。傅、范亦有“故”字，两“终”字并作“崇”。苏、范“骤”字作“暴”，北京图书馆敦煌本作“趋”。马王堆本甲本作“飘风不冬朝，暴雨不冬日”，乙本“飘”作“剽”。马叙伦说：“崇、终古通假，《书·君奭》‘其终，出于不祥’，马本‘终’作‘崇’，是其证。”又说：“骤，馆卷作‘趋’者，趋、骤古亦通假。”

③河上、王、范及诸通行本多如此。马王堆本甲乙本均作“孰为此？天地”。景龙、开元、敦煌及龙兴碑同马王堆本，无“者”字。傅本，末有“也”字。易州“孰”作“熟”，无“者”“也”二字。寇“为”作“谓”。河上公说：“孰，谁也。谁为飘风暴雨者乎？天地所为。”

④河上、王、傅、范及诸通行本悉如此。马王堆本乙本“尚不”写作“而弗”，“而况”讹作“有兄”，作“天地而弗能久，有兄于人乎”。甲本上残存“天地”“人乎”四字，中间数字尽损掩。景龙本“尚”作“上”，末无“乎”字。易州“尚”作“上”。《牟子·理惑论》引作“天地尚不得长久，而况人乎”。

⑤道藏司马光《道德真经论》如此。马王堆本甲乙本大致相

同，惟前“于”字作“而”。“失者”甲本讹作“者者”。前句如《淮南子·道应训》所引。二三句，王、范与诸唐本皆如此。傅本作“故从事于道者，道者同于道；从事于得者，得者同于得；从事于失者，失者同于失”。俞樾《平议》:“谨案下‘道者’二字衍文也。本作‘从事于道者，同于道’。其下‘德者’‘失者’蒙上文‘从事’之文而省，犹云‘从事于道者，同于道；从事于德者，同于德；从事于失者，同于失也’。《淮南子·道应训》引《老子》曰‘从事于道者，同于道’。可证古本不叠‘道者’二字。王弼注曰:‘故从事于道者，以无为为君，不言为教，绵绵若存；而物得其真，于道同体，故曰‘同于道’。是王氏所据本正作‘故从事于道者，同于道’。然以河上公注观之，则二字之衍久矣。”依俞说，傅本后两“从事”，亦系衍文。高亨说:“失，当作天。形近而讹。老庄特重‘道’‘德’‘天’三字，故此文并举之。《庄子·天下》篇:‘以天为宗，以德为本，以道为门。兆于变化，谓之圣人。’亦此三字并举，可为佐证。今此文‘天’讹为‘失’，而老子之指晦，其文亦难通也。下文同。”此说甚是，今从之。

⑥河上及王本如此。范与诸唐本无三“乐”字。傅本无三“乐”字，且无三“同”字。马王堆本只二句，乙本作“同于德者，道亦德之；同于失者，道亦失之”。甲本前“者”字及两“失”字损掩。

⑦傅本及景福如此。王本作“信不足焉，有不信焉”。景龙、龙兴碑《道德真经》及唐玄宗、司马光、苏辙、范应元唐宋诸本，无“焉”字。奚侗说：“二句与上文不相应，已见第十七章，此重出。”马叙伦说：“此二句疑一本十七章错简在此，校者不敢删，因复记之，成今文矣。”张松如说：“帛书（即马王堆本）无此二句，疑为注者所加。奚、马所见甚是。”

译文

（圣人）不想多说自然规律。狂风刮不了一个早晨，暴雨下不了一整天。是谁造成这一切的呢？是天地。天地的狂暴行为尚且不能持久，更何况是人呢？所以，皈依于道的人，与道合一；皈依于德的人，与德合一；皈依于天的人，与天合一。与“道”一致的人，“道”也愿意得到他；与“德”一致的人，“德”也愿意得到他；同于失去的人，失去也乐意得到他。诚信不足，才有不信任的事情发生。

二十四章

题解 本章大意与二十二章大致相同，宣扬以退为进、所谓“曲全”的处世策略。

原文 企者不立，跨者不行[①]；自视者不明，自是者不彰；自伐者无功，自矜者不长[②]。其在道也，曰：馀食赘行[③]。物或恶之[④]，故有道者不处[⑤]。

注释 ①王、傅如此。“企”河上作“豉”，殆“跂”之讹。范及唐宋诸本作“跂”。“跂”为“企”之假。“立”，景龙作“久”。马王堆本甲乙本只一句作“炊者不立”，失韵，疑有讹夺。广明本三句，上有“喘者不久”。敦煌及龙兴碑二句，作“喘者不久，跨者不行”。奚侗说：“《说文》：‘企，举踵也。跨，渡也。’段玉裁云：‘跨，谓大其两股间以有所越也。’企而立者不可以久立，跨而行者不可以长行。”朱谦之说：“企与跂，古通用。《庄子·秋水》篇‘掇而不跂’，《释文》‘跂’作‘企’。《庚桑楚》‘人见其跂’，《古钞卷子》本作‘企’。又《文选·江赋》李善注：‘企与跂同。’是河上本作‘跂’，即‘企’也。《汉书·高帝纪》颜注曰：‘企，谓举足而竦身。’《玉篇》：‘跂，跐跂切，有跂踵国，其人行，脚跟不着地。’《字林》：‘企，举踵也。’二字义亦同。”

②王、傅及诸今本如此。马王堆本甲乙本前两句倒置，“是”作“视”，“彰”作“章”。甲本第二“自”字损掩。景龙、敦煌、龙兴碑，无四“者”字。开元无下三“者”字。敦煌、龙兴碑，“伐”作“锐”。明周如砥《道德经解集义》“无”作“不”。赘字馆本、遂州本，“自伐”作“自饶”。

③王、傅及诸今本如此。马王堆本大致相同。“馀”作“粽”，甲本无“也”字。“其在”，景龙作“于其”。河上、范应元及开元、敦煌、古楼观《道德真经》唐宋诸本，作“其于”。景龙、敦煌、龙兴碑。无“也”字，“赘”作“餟”。潘静观《道德经妙门约》“行”作“形”。朱谦之说：“赘字馆本、遂州本作‘餟’，非。《方言》十二‘餟，餽也’。《字林》：‘餟，以酒沃也，祭也。’餟行，无义，盖音近而误。”王道说，“‘行’当作‘形’。‘赘形’，形之附赘者。骈拇之类。”易顺鼎说：“‘行’，疑通作‘形’。‘赘形’即王注所云肬赘。肬赘可言形，不可言行也。《列子·汤问》篇：‘太形、王屋二山，’张湛注：‘形，当作行’，是古‘行’‘形’固有通用者。”蒋锡昌说：“按唐李约《道德真经新注》：‘如食之残，如形之剩肉也’；宋林希逸《道德真经口义》曰：‘食之馀弃，形之赘肬，人必恶之’；宋陈景元《道德真经藏室纂微篇》：‘犹弃馀之食，适使

人恶；附赘之形，适使人丑'；是三书皆以'行'为'形'。"高亨说："余疑'行'当作'衣'。古文。衣作[illegible]，行作[illegible]，形近而讹。《法言》'智用不用、益不益，则不赘亏矣'，司马光注：'有余曰赘，不足曰亏。'是赘，亦馀也。馀食、赘衣，犹言馀食、馀衣。食有馀，则饥者恶之，衣有馀则寒者恶之，故曰'物或恶之'。此今谚所谓'一家饱暖，千家怨也'。"刘师培说："馀食之食，亦当作德。德与行对文。馀德者，骈衍之德也；赘行者，附属之行也。老子求尚简易，故舍馀德赘行两不处。"两说各有新义，录以备考。

④王、傅及马王堆本甲乙本悉如此。乙本"恶"省作"亚"。景龙本"或"下有"有"字。敦煌、龙兴碑，"或"作"有"。林希逸《道德真经口义》，"或"作"故"，"或"与"古"与"有"通。《广雅·释诂》："或，有也。"

⑤王本如此。傅与河上，句末有"也"字，他本皆无。景龙、敦煌、龙兴碑无"者"字，他本皆有。马王堆本甲乙本作"故有欲者弗居"，甲本"弗"字损掩。

译文 踮着脚尖的人，不能久立；跳跃着前进的人，不能远行。偏执一见的人，事物总是看不明白；自以为是的人，是非总是辨不清楚。自我夸耀的人，事业不会有成就；自高自大的人，不能充任首领。（以上这些行为）从“道”的角度来看，可以说它是剩饭残羹、赘疣枝指，谁都厌恶它，所以有“道”的人，决不会这样做。

二十五章

题解 此章老子进一步说明“道”是独立的、客观的、永恒的、先天地而存在的精神实体。希望理想中的统治者要效法“道”，效法“自然”，要“无为而治”。

原文 有物混成，先天地生①。寂兮寥兮②！独立而不改，周行而不殆，可以为天地母③。吾不知其名，故强字之曰道，强为之名曰大④。大曰逝，逝曰远，远曰反⑤。故道大，天大，地大，王亦大⑥。域中有四大，而王居其一焉⑦。王法地，地法天，天法道，道法自然⑧。

注释 ①河上、王、傅及诸今本悉如此。马王堆本甲乙本并同，惟“混”字省作“昆”。元李道纯《道德会元》，“地”作“而”。《御览》一引“混”作“梱”。

②河上及今王本如此。范及《释文》“寂”作“宋”，“寥”作“寞”，傅本“寥”亦作“寞”。景龙、唐人写本残卷及龙兴碑，全句作“寂寞”，无两“兮”字。马王堆本甲本作“繡呵缪呵”，乙本作“萧呵谬呵”。范应元说：“‘宋’，古‘寂’字。

‘寞’字王弼与古本同。河上公作‘寥’。《韵略》云:‘寂寞,无声也。寂寥,空也。’按《庄子·天下》篇亦有‘寂漠无形’。”按,《天下》篇“寂”亦作“芴”。蒋锡昌校今王本说:“‘寂’‘寥’当依《释文》改作‘宋’‘寞’,以复王本之旧,今本盖后人依河上本改之。”

③傅、范如此。王弼无前“而”字,“天地母”作“无下母”。马王堆本甲乙本均无“周行”句;甲本“而不改”三字损掩;乙本“改”作“玹”;“可以为天地母”句,甲乙本同。范应元说:“‘天地’字,古本如此。一作‘天下母’,宜从古本。”张松如说:“今验之帛书,作‘天地母’是。上谓‘先天地生’,则此作‘为天地母’,亦如六章‘天地之根’也。《道德真经集注》引王弼注‘故可以为天地母也’,正如范所见古王本,亦作‘地’,不作‘下’。”

④傅、范如此。傅“强”作“疆”。王弼无“故”字及前“强”字。马王堆本乙本作“吾未知其名也,字之曰道。吾强为之名曰大”。甲本无“也”字,余悉同。河上公、司马光、李约、王雱、程大昌诸本,“为之名”作“名之”。刘师培说:“按《韩非子·解老》:‘圣人观其玄虚,用其周行,强字之曰道。’则‘字’上当有‘强’字,与下‘强为之名曰大’一律,今本脱。”易顺鼎说:“按《周易集解》卷十七引干宝曰:‘老子曰:“吾不知其名,强字之曰道。”‘字’上有‘强’字,与《牟子》引同。”

蒋锡昌说:“范谓王弼同古本,则范见古本,‘字’上有‘强’字。《庄子·则阳》郭注:‘而强字之曰道。’是郭本亦有‘强’字,以理而推,大即强名,则道亦强字,‘字’上有‘强’字者是也。”

⑤诸本皆如此。马王堆本“逝”假作“筮”,余悉同;甲本“远曰反”三字损掩。傅与景龙、开元,“反”作“返”。“反”“返”古字通,回返根源。“曰”则“就”。逝,运行不止。远,无边无际。

⑥王本如此。马王堆本甲乙本同,惟无“故”字,甲本“道大”二字损掩。景龙、龙兴碑及唐人写本残卷,无“故”字、“亦”字。傅无“故”字,范有“故”字;惟“王”字,傅、范俱作“人”字,不曰“王亦大”,而曰“人亦大”。张松如说:“《老子》曾屡以‘天’‘地’‘侯王’与‘道’并言,盖以三者为‘道’所生,而得其一体故也。如三十九章:‘昔之得一者:天得一以清,地得一以宁…… 侯王得一以为天下正。’此‘一’即‘道’也,正是以道与天、地、侯王三者相并言。此章所讲的是体道之人,不是一般人,所以依王弼及诸家写定作‘王’,且验之帛书,亦曰‘王亦大’,又焉知作‘人’者非妄改之邪?”

⑦王弼本如此。马王堆本甲乙本作“国中有四大,而王居一焉。”陆希声《道德真经传》,句上有“故”字。龙兴碑句中

无“有”字。河上公、李道纯无“而”字。景龙“居”作“处”，无“其”字、“焉”字。傅奕本，后一句作“而王处其一尊”。范应元“王”作“人”，全句作“域中有四大，而人居其一焉”。陈柱说：“此‘域’字当作宇宙解。”张松如说：“王弼注：‘无称不可得而名曰域也。道、天、地、王，皆在乎无称之内，故曰域中有四大者也。’泛谓‘域中’曰‘无称之内’，不知其意何云。帛书曰‘国中’，于‘王’可，于天、地、道则不伦，显然容纳不下‘四大’。近人陈柱以为域中当作宇宙解，得之矣。”

⑧古今本悉如此。惟“王”字作“人”。马王堆本甲乙本亦作“人”。惟金寇才质《道德真经四子古道集解》作“王”，今据改。顾本成疏：“人，王也。”据此，古今本即使作“人”，亦指上文之“王”。此四句，唐李约《道德真经新注》作“王法地地、法天天，法道道，法自然”。断句跟别本不同，近人高亨《正诂》、张松如《校读》从之。李约说：“王者，法地、法天、法道之三大自然妙理而理天下也，故曰‘王法地地，法天天，法道道，法自然’。言法上三大之自然妙理也。其义云：‘法地地’，如地之无私载；‘法天天’，如天之无私覆；‘法道道’，如道之无私生而已矣。如君君、臣臣、父父、子子之例也。”李约的读法，比较新颖，有一定的启发性。录以备考。法，以为动词（以……为……），训法则。

译文

有一种混混沌沌的东西，先于天地而存在。没有声息，没有形体。独立存在，永不改变。循环运转，永不疲倦。它可以作为天地万物的根本（母）。我不知道它的名字，勉强把它叫作“道”，再勉强给它取个名字叫作“大”。“大”就运行不止，运行不止就广阔辽远，广阔辽远就返回到自己的本源。所以说道大，天大，地大，君王也大。宇宙间有四种东西可称“大”，君王就是其中的一种。君王以地为法则，地以天为法则，天以道为法则，道以它自身的本性为法则。

二十六章

题解 此章老子提出重与轻、静与动（躁）两对矛盾。并指出“重为轻根，静为躁君”；又说“轻则失根，躁则失君”。他认为轻与重对立，重为矛盾的主要方面；动（躁）与静对立，静是矛盾的主要方面。这是老子朴素的辩证法思想。但在接触到动静关系时，他把静看作是起主要作用的方面，这就把矛盾的主要方面颠倒了，也就把事物的主要性质弄颠倒了。所以他的辩证法是消极的，是不彻底的，含有形而上学的因素（采任继愈说）。

原文 重为轻根，静为躁君①。是以君子终日行，不离其辎重②。虽有荣观，燕处超然③。奈何万乘之主，而以身轻天下④？轻则失根，躁则失君⑤。

注释 ①马王堆本乙本及诸今本皆如此。《韩非子·喻老》所引亦同。马王堆本甲本“重”字损掩，“轻”省作“坙”，“静”假作“清”。皇侃疏《论语·学而》第一所引，“君”作“本”。毕沅说：“古字‘躁’应作‘趮’。”按马王堆本甲乙本，“躁”均作“趮”，作“趮”是。《说文》：“趮，疾也。”段注：“今字作

‘躁’。”引申为动。“静”，傅本作“靖”。张煦说：“吕等‘靖’作‘静’。”马叙伦说：“各本及《文选·秋声赋》注《誉何劭诗》注引，并作‘静’。”今据改。

②马王堆本甲本如此。乙本“离”作“远”。河上、王弼，“君子”皆作“圣人”。傅、范与唐宋诸本，大都同马王堆本甲本，惟傅有“其”字，他本均无。《韩非子·喻老》引作“君子终日行，不离辎重也”。亦作“君子”，无“其”字，句末有“也”字。高本汉本无“是以君子”四字。“终日行”遂州本作“行终日”。御注、景福两本“辎”作“辒”。罗振玉说：“‘辒’乃‘辎’之别构。”奚侗说：“君子，谓卿大夫也，说见《礼记·乡饮酒义》注，对下文万乘之主言。”洪颐煊说：“《文选·东京赋》‘终日不离其辎重’，李注：‘张楫曰：‘辎重，有衣之车也。’”《汉书·韩安国传》：“击辎重。”师古注：“辎，谓衣车，重谓载重物车，故行者之资，总曰辎重。”朱谦之说：“辎重为载物之车，前后有蔽，载物有重，故谓辎重。古者吉行乘乘车，师乘兵车，皆有辎重车在后。此以喻君子终日行，皆当以重为本，而不可轻举妄动也。”

③诸今本悉如此。傅、范及《释文》，“燕”作“宴”，古通用。马王堆本乙本作“虽有环官，燕处则昭若”。甲本“虽”作“唯”，末两字损掩。“荣观”，河上公注谓宫阙。陈景元引一本作“荣馆”。盖假“观”为“宫观”之“观”。蒋锡昌《校诂》：

"此言道中虽有荣华之境，可供游观，然彼仍要随辎重之旁，超然物外，而不为所动也。"可供参证。

④王弼本如此。马王堆本甲乙本，"奈"作"若"。景龙、龙兴碑、唐人写本残卷，"奈"作"如"，无"而"字。傅、范本，"何"上有"之"字，作"如之何"。河上、景福及《群书治要》"轻"下有"于"字。马叙伦说："《韩非子·喻老》篇曰：'主父万乘之主，而以身轻于天下。'是古本有'于'字。"高亨说："《韩非子·喻老》篇：'主父万乘之主，而以身轻于天下，是以生幽而死。'《老子》此句，疑后人本韩非所加注语。"

⑤焦竑《老子翼》及王夫之《老子衍》如此。焦竑用王弼本，盖依据《永乐大典》王本也。马王堆本甲乙本及傅、范本，"根"作"本"。河上及唐宋诸本，"根"多作"臣"。朱谦之说："此文当作'轻则失根，躁则失君'与上首句'重为轻根，静为躁君'，相对成文。"俞樾说："此章首云'重为轻根，静为躁君'，故终之曰'轻则失根，躁则失君'，言不重则无根，不静则无君也。"朱、俞二说颇近老氏原义。劳健《古本考》："轻则失臣二句，乃承万乘之主以身轻天下句，而失为臣之用，过在人主不身处于无为，故躁而失为君之道也。轻字与章首以轻重设喻之辞无涉，君字即指人主，并与章首君字义别。旧说亦多强为牵附，故改"失臣"作"失本、失根"，以求与章首二句文字相对，乃反与万乘之主句不贯。"高亨《正

诂》:“余疑此文当作‘轻则失臣，躁则失民’。河上本‘臣’字,《韩非子》引同，可证古本如此，原不误也。民作君者，盖形近而讹。轻则失臣、躁则失民者，言轻则其臣思篡，躁则其民思叛也。与前文‘重为轻根，静为躁君’，并非反正相明。臣民谐韵。”劳、高二说，各富新义，录以备考。

译文 稳重是轻浮的根本，镇静是躁动的主宰。因此君子整天行走，不离开载有粮秣诸物的辎重车。虽有荣华的生活，享受它而不沉溺于它。为什么一个万乘大国的君主，反而把自身看得比天下社稷还轻微呢？轻举就会失去制衡的根本，妄动就会丧失主宰的地位。

二十七章

题解 此章前半部分讲善行“无为而治”的权术，是“圣人”的高明；后一部分讲善于资取矛盾的各个方面，是“善人”的要妙。

原文 善行，无辙迹；善言，无瑕谪；善数，不用筹策；善闭，无关键而不可开；善结，无绳约而不可解①。是以圣人恒善救人，而无弃人；恒善救物，而无弃物②。是谓袭明③。故善人者，善人之师；不善人者，善人之资④。不贵其师，不爱其资，虽智大迷，是谓要妙⑤。

注释 ①河上、王弼如此。马王堆本及傅、范、景福、广明诸本，于“行”“言”“数”“闭”“结”下，五句俱有“者”字，马王堆本后两句末并有“也”字。“善数不用筹策”，马王堆本甲本“用”作“以”；景福、广明，“数”作“计”，傅、范“不用”作“无”。善闭、善结两句，马王堆本甲乙本作“善闭者，无关籥而不可启也；善结者，无纆约而不可解也”。范应元本无“不可启”“不可解”之文。严可均说：“‘辙迹’，河上作‘徹迹’。梁简文云：‘应“车”边，今作“彳”边者，古字少也。'"彭耜《释文》:"轮辗地,为辙。"瑕谪,御注、河上作"瑕讁",王弼作"瑕谪"。高亨说:"瑕讁,皆玉疵也。无瑕讁,犹言无疵病耳。"按,谪,或作讁,俗字;或作讁,后起专字;或作適,借字。今据王弼本改。扬雄《方言》三:"谪,怒也。"郭璞注:"相责怒。"引申为疵病。筹策,御注作"筹算"。高亨说:"筹策,古时计数之竹筳也。"关键,关,《说文》:"关,以木横持门户也。"键,今本作楗,古字作闑。纪昀说:"楗,本作键。"傅本作"键"。《淮南子·道应训》引亦作"键"。范应元说:"横曰关,竖曰楗。"绳约,《说文》:"绳,索也。""约,缠束也。"《仪礼·既夕记》:"约绥约辔",郑注:"约,绳也。"按,绳约,犹今言绳索。旧注谓约为约束之约,当非《老子》原义。

②依据河上、王弼,再参照马王堆本写定。马王堆本甲乙本,前两句如此,后两句作"物无弃财"一句,似有讹夺。河上、王弼,两"恒"字均作"常",两"而"字均作"故"。傅、范与《淮南子》所引同河上、王弼,惟前"故"字下有"人"字,后"故"字下有"物"字。景龙、敦煌,"故"字作"而",同马王堆本。高亨说:"是以二字衍文,盖后人所加。"

③河上、王弼及诸今本悉如此。袭明,马王堆本甲本作"忡明",乙本作"曳明"。奚侗说:"《淮南子·道应训》引《老子》曰:'人无弃人,物无弃物,是谓袭明。'以文义求之,今本挩(夺)二句。"任继愈说:"袭,覆盖,掩藏,不露在外

面。”袭明，犹言聪明不外露，即“大智若愚”之意。

④依据河上、王、傅，参照马王堆本写定。马王堆本甲乙本作“故善人，善人之师；不善人，善人之资也”。河上、王、傅，俱作“故善人者，不善人之师；不善人者，善人之资”。范与诸唐本及《淮南子》所引，均无“者”字。诸本均无“不善人之师”一句。今依马王堆本改作“善人之师”。资，凭藉，借鉴。

⑤《韩非子·喻老》所引及河上、王弼、开元、范应元俱如此。傅与景龙、敦煌，“是”作“此”。马王堆本甲乙本，大致相同，惟三、四句作“虽知乎大迷，是胃眇要”。高亨说：“要，疑当读为幽。幽妙，犹言深妙也。”

译文

善于行车的人，路上无辙迹；善于谈吐的人，言辞无差错；善于计数的人，用不着筹码；善于关闭的人，没有锁钥也能叫人打不开；善于捆缚的人，没有绳索也能叫人解不开。因此，圣人经常善于挽救人，所以没有抛弃的人；经常善于挽救物，所以没有废弃的物。这叫作内聪明。所以善人们啊，是善人的老师；恶人们啊，是善人的借鉴。不尊重自己的老师，不爱惜自己的借鉴，虽然自以为聪明，其实是大糊涂虫。这就是深妙的道理。

二十八章

题解 老子用柔弱、退守的原则来保身处世，并要求理想中的“圣人”也以之治国安民。

原文 知其雄，守其雌，为天下谿。为天下谿，恒德不离，复归于婴儿[①]。知其白，守其黑，为天下式。为天下式，恒德不忒，复归于无极[②]。知其荣，守其辱，为天下谷。为天下谷，恒德乃足，复归于朴[③]。朴散为器，圣人用之，则为官长，故大制无割[④]。

注释 ①王、傅、范及诸今本悉如此。惟“恒”字依马王堆本，他本皆作“常”。马王堆本甲本作“知其雄，守其雌，为天鸡。为天下鸡，恒德不鸡。恒德不鸡，复归于婴儿”。前两“鸡”字，显系“谿”字之讹；后两“鸡”字，显系“离”字之讹。乙本同，“复”下“归于婴儿”四字损掩。“谿”字，景福作“溪”，景龙、龙兴碑作“蹊”，敦煌本作“奚”。刘师培说：“《淮南子·道应训》引作‘以为天下谿’，则古本似有‘以’字。”龙兴碑及《道德真经注疏》，无下“为天下谿”句。景龙“德”作“得”，下二“德”字同。

②王、傅、范及诸今本悉如此，惟“恒”字依马王堆本，他本皆作“常”。马王堆本乙本作“知其白，守其辱，为天下浴（谷）。为天下浴（谷），恒德乃足。恒德乃足，复归于朴”。甲本“恒德”二字以下俱损掩。景龙、龙兴碑及唐李荣《老子道德经注》，无下“为天下式”句。朱谦之：“忒，敦煌本作‘贷’。按‘贷’假借为‘忒’。《礼记·月令》‘毋有差贷’。即毋有差忒也。章炳麟《新方言》曰：‘《月令》注：“不贷，不得过差也。贷本作忒。”今人谓过曰忒，如过长曰忒长，过短曰忒短，亦通言泰，一音之转。’”

③王、傅、范及诸今本如此，惟“恒”字依马王堆本，他本皆作“常”。马王堆本甲本作“知其白，守其黑，为天下式，恒德不贷（忒），复归于无极”。乙本同，惟“白”字及下“恒”字损掩。张松如说：“帛书此段七句，与前段七句显然错简倒置。此中似有衍文，龙兴碑及林希逸《道德真经经义》，无下‘为天下谷’句。”朴，《吕氏春秋·论人》篇：“故知知一，复归于朴。”高诱注：“朴，本也。”《淮南·精神训》：“契大浑之朴。”高诱注：“朴，犹质也。”任继愈说：“朴，素材。老人有时用朴表示道。”

④范及诸今本如此。马王堆本乙本无“之”字，“故”字作“夫”。甲本同，惟“散”后四字损掩。傅无“故”字。景龙、龙兴碑，“故”作“是以”。王弼“无割”作“不割”。严可均

说:"'朴散',各本'散'下有'则'字;'用为官长',各本'用'下有'之则'字。"朱谦之说:"'朴',本或作'璞',《玉篇》引《老子》曰:'璞散则为器。'《文选·演连珠》注引《尸子》曰:'郑人谓玉未理者为璞。'"故大制无割,严可均说:"各本作'故大制不割'。"罗振玉说:"敦煌本'制'作'剬'。""无",今王本作"不",与御注、景福二本同。《释文》出"无割"二字,知王本作"无",今据改。景龙、敦煌本均作"是以大制无割"。易顺鼎说:"'不割'当作'无割'。王注云:'以天下之心为心,故无割也。'足证王本作'无',《道应训》正作'大制无割'。此作'不'者,后人因下篇有'方而不割'之语改之。"

此章经后人窜改之处颇多。易顺鼎首发其覆,指出从"守其黑"至"知其荣"凡二十三字,为后人所加,应删去。马叙伦《校诂》从之,并从"豁""谷"与"荣""辱"诸字的训诂,证成其说。高亨《正诂》更列举六例,加以阐述。张松如《校读》把后人窜改的过程,划分三步加以说明。都很确切。兹将此章重新写定如下:

知其雄,守其雌,为天下豁。为天下豁,恒德不离。恒德不离,复归于婴儿。知其白,守其辱,为天下谷。为天下谷,恒德乃足。恒德乃足,复归于朴。朴散则为器,圣人用之,则为官长。故大制无割。

译文 虽然知道什么是刚强，却安守于柔弱，甘愿处于天下卑低之处。处于天下卑低之处，永恒的德性就不会离失，回复到单纯的婴儿状态。虽然知道什么是光亮，却安守于暗昧，甘愿做天下的栻木。做天下的栻木，永恒的德性才不会偏离，回复到不可穷极的真理——“道”的境界。虽然知道什么是荣耀，却安守于屈辱，甘愿处于天下的下流。处于天下的下流，永恒的德性才会得到充实，回复到质朴——物类的本性。物类的本性破碎之后，就割裂成各种具体的器具，圣人利用这种破碎的本性，建立了官署和官长。可见治理天下的理想原则，是不破坏“道”的完整性。

二十九章

题解 这里，老子宣扬“无为”的思想，主张人们顺应物性，听任自然；干任何事情不要走极端，不要奢侈，不要过分。

原文 将欲取天下而为之，吾见其弗得已①。夫天下神器也，非可为者也②。为者败之，执者失之③。凡物或行或随，或噤或吹，或疆或剉，或培或堕④。是以圣人去甚，去奢，去泰⑤。

注释 ①马王堆本甲乙本如此，甲本“得已”二字损掩，乙本“将欲取”下九字损掩。他本“弗”作“不”。傅、范、王羲之、赵孟頫本“为之”下有“者”字。《道藏·宋张太守汇刻四家注》在“为之”句下，王注有“为造为也”四字，他王本脱去此句。彭耜说：“《纂微》、苏、曹、陈、程，并无‘者’字。”毕沅说：“河上公、王弼无‘者’字。”

②马王堆本乙本如此，甲本前三字损掩。王弼本无“夫”字，傅奕本有“夫”字，王、傅并无前“也”字。明太祖《御注道德真经》及《永乐大典》本有前“也”字，诸本下句皆作“不可为也”。景龙、景福、龙兴碑、唐人写本残卷及唐李荣

《老子道德经注》，并无两“也”字，下句作“不可为”，无“者”字。易顺鼎说:“按‘不可为也’下当有‘不可执也’一句。请举三证以明之。《文选》干令升《晋纪总论》引《文子》称《老子》曰:‘天下，大器也，不可执也，不可为也。为者败之，执者失之。’其证一。王注云:‘故可因而不可为也，可通而不可执也。’王注有，则本文可知。其证二。下篇六十四章云:‘为者败之，执者失之。是以圣人无为故无败，无执故无失。’‘无为’即‘不可为’,‘无执’即‘不可执’。彼文有，则此文亦有。其证三。盖有‘执者失之’一句，必先有‘不可执也’一句明矣。”马叙伦说:“彭耜引黄茂材曰:‘天下神器，不可为也，不可执也，至于人身，独非神器乎?’是黄见本有此一句。”易、马二说甚是，当据补。

③河上、王、傅、范及诸通行本如此。马王堆本甲乙本两“者”字前有两“之”字。龙兴碑上“者”字作“故”。《群书治要》下“之”作“也”。

④傅奕如此。王弼“凡”作“故”,“噤”作“歔”,“剉”作“羸”,“培”作“挫”,“堕”作“隳”。“凡”字，范与开元作“故”，同王弼；景龙、敦煌作“夫”。马王堆本省为三句，乙本作“物或行或隋，或热或硂，或陪或堕”，甲本“热”作“炅”，字多损掩。

⑤河上、王、傅、范及诸通行本悉如此。马王堆本乙本作“是

以圣人去甚、去大、去诸”。甲本“圣”作“声”，“诸”作“楮”。按，“大”“泰”古通，“诸”“楮”乃“奢”字音假。

译文

谁要想占有天下而且按照自己的意思去治理它，我看他是不能达到目的的。天下，这个神圣的东西，是不可以随便去摆弄的。谁勉强去摆弄，谁就会把天下搞乱；谁想把持下去，谁就会丧失天下。大凡天地间一切事物，有的前行，有的后随；有的屏息，有的急吹；有的强壮，有的衰弱；有的增益，有的损毁。因此，圣人必须不走极端，杜绝奢侈，不要过分。

三十章

题解 这一章，老子继承前期兵家的军事理论和战争指导思想，对此做了哲学的概括，具有朴素的军事辩证法色彩。这是值得肯定的。但是，他不严格区分战争的性质是否符合正义，一味加以反对，这是错误的。

原文 以道佐人主，不以兵强于天下①。其事好还：师之所处，荆棘生焉；大军之后，必有凶年②。故善战者果而已矣，勿以取强焉③。果而勿骄，果而勿矜，果而勿伐，果而勿得已居④，是谓果而不强⑤。物壮则老，是谓不道，不道早已⑥。

注释 ①马王堆本甲乙本及景福、《群书治要》皆如此。河上、王、傅及诸通行本，“主”下有“者”字，“强”下无“于”字。

②王、傅及诸通行本如此。马王堆本乙本无“大军之后，必有凶年”两句，前三句亦多损掩，惟“所处”作“所居”，“荆棘生焉”作“楚棘生之”，合两本对照，尚可辨识。景龙、龙兴碑及唐人写本残卷无“焉”字，亦无后二句，与马王堆本同。还，报应，反应。荆棘，带刺的小灌木、酸枣之类。

③马王堆本甲乙本如此，惟无“故”字。“故”字据傅、范及诸唐宋本增补。傅本“勿”作“不敢”。诸唐本多无“矣”字及“焉”字。王本亦无“故”字，两句作“善有果而已，不敢以取强”。果，成功，胜利。

④马王堆本甲本如此。景龙、景福、敦煌与道藏龙兴碑本大致相同，惟“勿得已居”作“不得已”。他本如王、傅等多以“果而勿骄”移作第三句。诸本均无“居”字。张松如说：“居，句末助词，与‘乎’同，见王引之《经传释词》及杨树达《词诠》。”伐，夸耀。

⑤马王堆本甲本如此，乙本夺“不”字。范应元及黄茂材、程大昌、吴澄、明太祖诸本，大致相同，惟“不强”作“勿强”。傅及景龙、古观楼、《道德真经》诸本无“谓”字，王弼及诸本，并无“是”字，诸本“不强”均作“勿强”。

⑥河上、王弼如此。马王堆本甲本作“物壮而老，是胃（谓）之不道，不道蚤（早）已”，乙本无“是”字。景龙、敦煌、龙头碑诸本，“是谓”作“谓之”。傅奕、成玄英及景龙、敦煌、《道德真经》诸本，两“不道”悉作“非道”。龙兴碑及邓锜《道德真经三解》，无下“不道”二字。易顺鼎说：“《内经》卷一王冰注引作‘不道早亡’，疑唐时本有作‘亡’者。”马叙伦说：“《臧疏》‘已’作‘亡’。《臧疏》河上注曰：‘不行道者早亡。亡，死也。’较今本河上注，多两‘亡’字，是河

上作‘亡’，亡与强明韵。”姚鼐说：“‘物壮则老’十二字衍，以在下篇《含德》章‘心使气日强’下，诵者误入此‘勿强’句下。”三说各有所见，录以备考。

译文 用“道”辅佐君主的人，不靠武力逞强于天下。用兵这种事情，很容易得到报应：军队驻扎的地方，荆棘丛生；大战之后，必有荒年。所以会打仗的人，获得胜利就适可而止，不要用武力逞强。胜利了不要骄傲，胜利了不要自高自大，胜利了不要夸耀，胜利了要认为这是出于不得已啊。这就叫作胜利而不逞强。物类壮大了，就会走向衰老。这就叫作不合乎“道”，不合乎“道”就会很快灭亡。

三十一章

题解 这一章是上一章的继续，也讲战争之道。老子反对一切战争的态度，与法家“以战去战”的原则是不相同的。

原文 夫兵者不祥之器也①，物或恶之，故有道者弗处②。君子居则贵左，用兵则贵右③。故兵者非君子之器也，不祥之器也，不得已而用之④。铦庞为上，勿美也⑤。若美之，是乐杀人也⑥。夫乐杀人，不可以得志于天下矣⑦。是以吉事上左，丧事上右；是以偏将军居左，上将军居右；言以丧礼居之也⑧。杀人众，以悲哀莅之；战胜，以丧礼处之⑨。

注释 ①马王堆本乙本如此，甲本“也”字损掩。傅奕作“美兵”，河上及诸王本作“佳兵”，俱无“也”字，河上并无“者”字。《永乐大典》无“之器”二字。

②此依王、傅，并参照马王堆本写定。马王堆本甲本“道”字作“欲”，“处”字作“居”，乙本损掩；王、傅“弗”字作“不”。景龙及唐人写本残卷，无“者”字。吴澄、明太祖、范大有，下有“也”字。陈象古《古本道德真经解》，无此二

句。马叙伦说："此十字乃因二十四章错简而复出者，成于此二句无疏，是成无此文。石田羊一郎以此二句为衍文。"处，接近。

③马王堆本甲乙本与河上、王弼本如此。傅、范前有"是以"二字。高亨说："《周书·武顺》篇：'吉礼左还，顺天以立本。武礼右还，顺地以利兵。'《诗·裳裳者华》：'左之左之，君子宜之；右之右之，君子有之。'毛传：'左，阳道，朝祀之事；右，阴道，丧戎之事。'并与《老子》此文相合。"

④马王堆本甲本如此。乙本无前"也"字，第二句重"兵者"二字。王、傅及诸通行本，无"故"字及两"也"字，"不祥之器"在"非君子之器"前。刘师培说："案此节王本无注，而古注及王注恒混入正文，如'不祥之器，非君子之器'，二语必系注文，盖以'非君子之器'释上'不祥之器'也。本文当作：'兵者不得已而用之'，'兵者'以下九字，均系衍文。"马叙伦说："《文子·上仁》篇引曰：'兵者不祥之器，不得已而用之。'释慧皎《高僧传·八义解论》曰：'兵者不祥之器，不获已而用之。'盖《老子》本文作'夫唯兵者，不祥之器，不得已而用之。''物或'两句，系二十四章错简：'君子'两句，乃下文而错在上者；'非君子之器'正释'不祥之器'也。"

⑤马王堆本甲本如此。乙本"庞"作剧"慲"，铦庞，傅作"恬

憺”，河上作“恢憺”，亦作“恬惔”，王、范、开元、广明作“恬淡”，《释文》作“恬澹”。勿美也，傅、范作“故不美也”，景龙、敦煌、龙兴碑作“故不美”，河上、王弼作“胜而不美”。铦，锐利。

⑥马王堆本甲乙本如此。景龙同，无“也”字。王作“而美之者，是乐杀人”。傅奕及景福、《道德真经》《永乐大典》诸本作“若美必乐之，乐之者是乐杀人也”。

⑦马王堆本甲乙本如此。河上、傅、范，“人”下有“者”字。景龙、开元、敦煌、龙兴碑及苏辙、李道纯诸本，有“者”字，无“以”字及“矣”字；“志”或作“意”。王弼“不”字上有“则”字。

⑧马王堆本甲本如此，乙本同，“吉事”后六字损掩。河上、王弼无两“是以”，两“上”字俱作“尚”，“丧事”作“凶事”，“居之也”作“处之”，无“也”字。傅、范前一“是以”作“故”，两“上”字亦俱作“尚”；“丧事”亦作“凶事”，两“居”字俱作“处”。《逸周书·武顺》篇：“天道尚左，日月西移；地道尚右，水道东流。”又云：“吉礼左还，以顺天以立本；武礼右还，顺地以利兵。”（解说见前）崔述《丰镐考信别录》卷三：“隋唐以来，世皆以左为上。余考之《春秋传》皆上右者，惟楚人上左耳。故季梁（季梁，随国大臣。事见《左传·桓公八年》）曰：‘楚人上左，君必左。’必言楚人上左者，

明诸侯之国皆上右也。老子，楚人也，以从楚俗，故云‘吉事上左，凶事上右’也。”马叙伦说：“案，‘故吉事尚左’至‘言以丧礼处之’五句，皆是以‘君子居则贵左，用兵则贵右’注文误入者也。范同此。”

⑨马王堆本甲本如此，惟“哀”字假作“依”，“涖”字省作“立”。乙本前句多损掩。河上与诸王本作：“杀人之众，以哀悲泣之；战胜，以丧礼处之”。傅、范诸本作：“杀人众多，则以悲哀泣之；战胜，则以丧礼处之。”罗运贤说：“泣者，涖之讹。字当作竦。《说文》：‘临也。’‘竦’之与下句‘处之’正同。”马叙伦说：“案，‘故吉事尚左’以下，文甚浅露，不似老子之文，疑注者所加。”

石田羊一郎说，“此章有脱误，有重出，有错简，有古注语羼入。”其言甚是。清代如李慈铭、陶绍学，近代如高亨、朱谦之等人，都作了修订。余以朱氏所作，尤为允当。朱氏说：“此章虽多古注窜入之处，惟其中如‘夫佳兵者不祥之器’，‘杀人众多，以悲哀莅之’，‘战胜，以哀礼处之’等语，皆千古精言，非老子不敢道、不能道。今试删其冗複，订定经文如次：

夫佳兵者，不祥之器，（兵者不祥之器，非君子之器。）物或恶之，故有道者不处。（不得已而用之，恬淡为上。）君子居则贵左，用兵则贵右。（吉事尚左，凶事尚右，是以偏将军居左，上将军居右。）杀人众多，以悲哀莅之。（胜而不美，若美之，是乐杀人。夫乐杀者，不可得意于天下。）战胜，以哀礼处之。（言居上世，则以丧礼处之。）”

译文 凡兵器都是不吉祥的器物，谁都厌恶它，所以有“道”的人不愿意接近它。君子平时以左为贵，战时以右为贵。所以兵器不是君子的器物，是不吉祥的器物，迫不得已才使用它。锐利、坚固的兵器是好兵器，但不要认为这是好东西。如果认为这是好东西，那就是以杀人为乐了。要是以杀人为乐，就不能实现统治天下的心愿啦。因此，吉庆事以左边为贵，凶丧事以右边为贵；因此，不专杀的偏将军，站在兵车的左边；主杀的上将军，站在兵车的右边。这就是说，要以参加丧礼的仪式来参加战争。战争杀人众多，大家要以悲痛的心情来对待，打了胜仗，大家也要用丧礼的仪式来处理。

三十二章

题解 此章老子继续阐述“道”是脱离物质、超时空、超感觉的精神实体。它永恒存在，如无名之朴，幽微深妙；侯王如能遵守，万物自然宾服；它变动不居，如日月经天、江河行地，历久常新。

原文 道恒无名。朴，虽小，而天下弗敢臣①。侯王若能守之，万物将自宾②。天地相合，以降甘露③，民莫之令，而自均焉④。始制有名。名已既有，夫亦将知止⑤，知止，所以不殆⑥。譬道之在天下，犹川谷之与江海也⑦。

注释 ①马王堆本乙本如此，“虽”作“唯”，古通用。甲本“唯”字下七字损掩。今通行诸本，“恒”作“常”，无“而”字。“弗敢”，傅、范及诸王本作“莫能”；《释文》及诸唐本宋本作“不敢”，王弼句末有“也”字。张松如说：“‘朴’字当与‘无名’并列，既不连上，亦不属下，其意若云：道恒常无名，又近似于朴。‘小’有幽微、微妙之谊。一切具体事物莫不出于‘朴’，而‘朴’则不可以一器名，有名者皆器也，无名者始称‘朴’。

下云：‘虽小而天下莫敢臣’，其主语仍是‘道’，非指‘朴’。”

②马王堆本甲乙本如此，甲本“侯”字损掩，河上及诸王本亦同。范作“王侯”。傅与景龙、敦煌、龙兴碑及《道德真经》等，亦作“王侯”，并无“之”字。

③河上、王、傅及诸通行本皆如此。马王堆本甲乙本“降甘露”假作“俞甘洛”。

④马王堆本甲乙本如此，甲本“之”下四字损掩，乙本“民”字损掩；傅奕与广明及《道德真经》、景福同。王与河上，无“焉”字。范与景龙、开元、古观楼、龙兴碑及唐玄宗《御注道德真经》诸本，亦无“焉”字，“民”作“人”，当是唐人避太宗讳所改。蒋锡昌说：“‘自均’即五十七章‘自化’之谊，此言天地相合，则甘露下降。上行无为，不发号施令，而民乃自化也。”

⑤马王堆本乙本如此，甲本有八字损掩。王、傅及诸通行本尽同。惟景龙，“夫”作“天”，无“亦”字。河上末句作“天，亦将知之。”张松如说：“‘天’字当是形误，‘之’字当是音讹。”

⑥马王堆本乙本如此，甲本损掩，只剩“所以不”三字。傅、范与开元、景福及道藏王本皆同。武英殿王本“所以”作“可以”。景龙、敦煌、龙兴碑，无“所以”二字。河上“止”作“之”。马叙伦说：“此句乃四十四章错简，校者不敢删，因复

出矣。”

⑦傅、范如此。马王堆本“譬”字，甲本作“俾”，乙本作“卑”，“川谷”乙本作“川浴”，甲本只剩一“浴”字。王弼及他本，无“也”字。开元无上“之”字，景龙、敦煌、龙兴碑，并无两“之”字。武英殿王本，“与”字作“于”，道藏王本仍作“与”不误。蒋锡昌说：“此句倒文，正文当作‘道之天下，譬犹江海之与川谷’。盖此文以江海譬道，以川谷譬天地万物。六十六章：‘江海所以能为百谷王者，以其善下之也，故能为百谷王。’江海善下，与道相似，故老子取以为譬也。‘道之在天下，譬犹江海之与川谷’，言道泽被于万物，则万物莫不德化，譬犹江海善下百川谷，则川谷无不归宗也。此句与上文‘侯王若能守之，万物将自宾’句相应。”

译文

“道”永远没有名称，好像未经雕琢的素材，它的本性虽幽深微妙，可是天下没有谁敢支配它。侯王们若能遵守它，万物都会自动地服从。天地间阴阳之气交合，就降下了甘露，人们没有谁去命令它，但自然分布均匀。制度一经制定，各种名分、地位也就随之确定。名分、地位既已明确，侯王们掌握它，也就有了分寸。掌握好了分寸，国家就不会发生危险。“道”充塞于天下，好比溪谷之水流归江海一样。

三十三章

题解 此章，老子阐述精神修养观点，用肯定的语气，递进的手法，正面地说明“知人”与“自知”“胜人”与“自胜”一系列有关人生的道理。主宾相衬，重点突出，强调人们要有自知之明，要有克服自己弱点的毅力，这些都是具有积极意义的。但他也宣扬知足、知止之说，又涂上一层消极、保守的色彩了。

原文 知人者智，自知者明；胜人者有力，自胜者强；知足者富，强行者有志；不失其所者久，死而不亡者寿①。

注释 ①开元、河上、诸王本悉如此。“胜人”“强行”二句，景龙、敦煌省去“者”字，以就四字句，非是。傅、范各句下各有“也”字。马王堆本甲乙本八句下均有“也”字，“死而不亡”之“亡”作“忘”。易顺鼎说：“《意林》‘亡’，作‘妄’。‘死而不妄’，谓得正而毙者也。河上本虽亦作‘亡’，而注云：‘目不妄视，耳不妄听，口不妄言，则无怨恶于天下，故长寿。’是亦读‘亡’为‘妄’矣。”“亡”“妄”古通用，此处“亡”义较长。高亨说：“左氏襄公二十四年传：‘太上有立德，其次有立功，其次有立言，虽久不废，此之谓不朽。’‘死而不亡’，犹云‘死而不朽’也。”

译文 识别他人的叫作智慧，认识自己的叫作高明；战胜别人的攻击的叫作有力，克服自己弱点的叫作刚强；知道满足的就是富有，坚持力行的叫作有志；不迷失本性的就能持久，身死而精神长存的叫作长寿。

三十四章

题解 此章老子阐述“道”既是宇宙本性，又是普遍规律：它既体现了最小与最大的普遍性，又综合了正与反、有与无的逻辑形式。但由于时代与阶级的局限，因而他对“道”的阐明，在某种程度上陷入了形而上学和唯心主义的泥坑（采张松如说）。

原文 大道氾兮，其可左右①。万物恃之以生而弗辞②，成功遂事而弗名有③。衣被万物而弗为主，则恒无欲也，可名于小④。万物归焉而弗知主，则恒无名也，可名于大⑤。是以圣人之能成大也，以其不为大也，故能成大⑥。

注释 ①武英殿王本、宋刊河上本、道藏李道纯、李嘉谋诸本皆如此。“氾兮”道藏王本、河上本作“汎兮”；傅本作“汎汎兮”；范本作“氾氾兮”，开元作“汎”；景龙、敦煌作“氾”，皆省去“兮”字。马王堆本乙本作：“道，渢呵，其可左右也。”甲本只残留一个“道”字，余悉损掩。马叙伦说：“氾、汎二字古通假。《礼记·王制》：‘氾与众共之。’《释文》：‘氾，本亦作汎。’其例证也。《说文》：‘氾，滥也。’‘汎，浮貌。’二义不同，作‘汜’是。”高亨说：“《广雅·释诂》：‘汜，博也。’《释言》：‘汜，普也。’此言道体广大，左之右之，无往不在也。”

②依傅、范及诸唐本写定如此。“弗”字原作“不”，依马王堆本词例改作“弗”，以求与下文一律。马王堆本甲乙本俱无此句。河上与道藏、武英殿两王本，“以”字作“而”。

③合马王堆本甲乙本写定如此。甲本“成功”二字损掩，乙本“事而”二字损掩，两本句末俱有“也”字，今删。景龙、开元作“成功不名有”。王、范作“功成不名有”。广明作“功成而不名有”。傅奕及《道德真经》作“功成而不居”。遂事，事情办成。

④参照马王堆本及傅本写定如此。傅本作“衣被万物而不为主，故常无欲，不名于小矣”。马王堆本甲乙本作“万物归焉而弗为主，则恒无欲也，可名于小”。“衣被”，景龙、开元、广明、景福、古观楼诸唐本作“爱养”，道藏、武英殿两王本作“衣养”。“而弗为主”，依马王堆本，他本“弗”俱作“不”。“则恒无欲也”，依马王堆本，傅、范作“故常无欲”，诸王本无“故”字，敦煌、龙兴碑及成玄英《道德真经义疏》、顾欢《道德真经注疏》、李荣《老子道德真经注》，并无此句。“可名于小”，马王堆本及诸王本同此，范“于”字作“为”，傅及景福、《道德真经》等，句末有“矣”字。范应元说：“衣被，

犹覆盖也。”蒋锡昌说：“衣被即五十一章‘盖之覆之’之谊。”

⑤依马王堆本，傅、范本，并参照吴澄注写定。马王堆本乙本作“万物归焉而弗为主，可命于大”。甲本“而弗”二字损掩，“命”作“名”。傅、范作“万物归之而不知主，可名于大矣”。王本作“万物归焉而不为主，可名为大”。上“为”字，傅、范本作“于”。“知”，范应元说：“‘万物归之而不知主’，王弼、司马公同古本”。蒋锡昌说：“言万物皆归道以生而不知其主也。”作“知”字是。下“为”字，傅、范及诸唐宋本多作“于”。蒋锡昌说：“‘于’‘为’虽通，然王本作‘于’。王注：‘此不为小，故复可名于大矣。’可证，当据改正。”作“于”字是。张松如说：“诸本俱无‘则恒无名也’句，此据吴澄《道德真经注》。”

⑥马王堆本甲乙本如此。甲本“圣人”假作“声人”。傅作“是以圣人能成其大也，以其终不自大，故能成其大”。景龙、开元、敦煌及河上诸本作“是以圣人终不为大，故能成其大”。诸王本无“是以圣人”之文，而作“以其终不自为大，故能成其大”。

译文 大道非常广泛，它可以无所不在。万物依靠它生存，它并不推辞。功业成就了，事情办完了，并不夸耀自己有功。“道”覆育万物，却不做它们的主宰，它永远没有什么欲望，可以称得上精微；万物都归附它，却不知道谁是主宰，它永远没有名字，可以称得上浩大。因此，圣人之所以能达到浩大的境界，是由于它并不自以为大，所以能达到浩大的境界。

三十五章

题解 此章是老子对“道”的歌颂。“道”虽看不见、听不着、说不出，却弥纶六合，化育万物，物阜民康，家给人足，呈现一派雍熙的景象。

原文 执大象，天下往①。往而不害，安平泰②。乐与饵，过客止③。道之出言④，淡兮其无味⑤。视之不足见，听之不足闻，用之不可既⑥。

注释 ①马王堆本乙本如此，甲本“天下”二字损掩。河上、王弼及诸唐本同。傅、范“象”下有“者”字。蒋锡昌说：“大象，即指大道而言。盖以道有法象，可为人君之法则，故谓大道为大象也。四十一章‘大象无形’，言大道无形也。‘执大象，天下往’，谓圣人守大道，则天下万民归往也。”成玄英疏：“大象，犹大道之法象也。”

②傅、范、开元均如此。马王堆本甲乙本“泰”作“大”，道藏王本同。他本皆作“太。”“太”“大”古隶互通，本字当作“泰”，“泰”“太”一字。安，于是，乃。王引之《经传释词》：“安，犹于是也；乃也，则也。老子曰：‘往而不害，安平太。’

言往而不害，乃得平泰也。”

③诸本皆如此。马王堆本甲乙本，“客”假作“格”。吕惠卿《道德真经传》，“与”作“于”。

④傅、范如此。范应元说：“‘出言’。王弼同古本。”今诸王本俱作“出口”，其注则作“出言”。第二十章王注引此文亦作“出言”。开元同今王本作“道之出口”，景龙、敦煌、龙兴碑作“道出言”，无“之”字。马王堆本甲乙本作“道之出言也，曰”。

⑤傅、范、景福、《道德真经》如此。王弼、开元，“兮”作“乎”。景龙、敦煌、龙兴碑作“淡无味”，省“兮”“其”二字。马王堆本甲乙本作“淡呵其无味也”。

⑥河上、傅、范及诸通行本多如此。景龙、敦煌、龙兴碑及李荣本，省去三“之”字。唐玄宗《疏》，上“足”作“可”，陈象古《解》无二“足”字。王弼本“不可既”作“不足既”。马王堆本甲乙本，三句末均有“也”字。

译文

谁要是掌握了“道”，天下人都会归附他。归附他而不互相伤害，天下就太平了。好听的音乐和好吃的食物，能够吸引过路人。“道”从嘴里说出来，人们感到平淡无味。看它，是看不见的；听它，是听不到的；用它，是用不完的。

三十六章

题解 这一章老子提出了一些含有辩证法因素的命题，归结为“柔弱胜刚强”这一脍炙人口的著名原则。老子这一系列思想，对法家“术”与“势”的理论形成，有一定的影响。

原文 将欲歙之，必固张之；将欲弱之，必固强之①；将欲去之，必姑举之；将欲夺之，必固予之②。是谓微明③。柔弱胜刚强④。鱼不可脱于渊⑤，国之利器，不可以示人⑥。

注释 ①王弼本如此。诸本大致相同。惟“歙”字，傅、范、景龙、《道德真经》及《韩非子·喻老》所引作“翕”；景福、敦煌、龙兴碑及河上公诸本作“噏”。《释文》作“脅”。《说文》：“歙，缩鼻也。”有“缩”义，故与“张”为对。范应元说：“翕，敛也，合也，聚也。王弼同古本。”足证歙、翕、噏、脅诸异体，均为通用之字。马王堆本乙本作“将欲擒之，必古张之；将欲弱之，必古强之”。甲本“强之”上二字损掩，“擒”字讹作“拾”。“擒”字当亦“歙”“翕”古写。马叙伦说：“‘固’读为‘姑且’之‘姑’。《韩非子·说林》上引《周书》曰：‘将欲取之，必姑予之。’是其证。下同。”马王堆本甲乙本“姑”省作“古”。

②马王堆本甲乙本如此。河上、王、傅与诸唐本，俱作“将欲废之，必固兴之；将欲夺之，必固与之。”“夺之”，彭耜、范应元作“取之”。马王堆本“举之”作“与之”，与、举古通用。“举”与“去”正为对。后人以下“予之”一本作“与之”，因“与”字叠见，遂臆改上“与”作“兴”，并改“去”作“废”。此处“举”“予”为韵，“兴”字则失韵矣（采张松如说）。

③马王堆本甲乙本如此。《韩非子·喻老》：“起事于无形，而要大功于天下，是谓微明。”

④河上、王弼如此。傅、范及宋徽宗、邵若愚、林希逸、彭耜诸本作：“‘柔之胜刚弱之胜强’。”马王堆本甲乙本作“柔弱胜强”。无两“之”字。张松如说：“此盖阐述‘微明’之妙用。能歙之张之、弱之强之、去之举之、夺之予之者，无形而柔弱者也。为其所歙所张、所弱所强、所去所举、所夺所予者，有形而刚强者也。则柔弱之胜刚强也，有必然矣。”

⑤王弼如此。傅、范及《道德真经》，“脱”作“侻”。马王堆本乙本同，“脱”作“说”，古通用。甲本无“可”字。《韩非子·喻老》所引，“渊”上有“深”字。周如砥本，“于”字作“深”。《后汉书》中，《隗嚣公孙述列传》及《翟酺传》章怀太

子注所引，俱作“鱼不可脱于泉”，盖避唐高祖李渊讳，故改“渊”作“泉”。

⑥河上、王弼如此。唐宋诸本亦多相承作“国”。傅、范及焦竑、周如砥、《道德真经》诸本，“国”字作“邦”。马王堆本甲本作“邦利器。不可以视人”。乙本作：“国利器，不可以示人。”《韩非子·喻老》所引作“邦”，《淮南子·道应训》所引作“国”。可证古本原作“邦”，入汉，避高祖讳，遂改“邦”作“国”。龙兴碑“之”作“有”，无“以”字。《庄子·胠箧》：“虽有轩冕之赏弗能劝，斧钺之威弗能禁。此重利盗跖，而使不可禁者，是乃圣人之过也。故曰：‘鱼不可脱于渊，国利器不可以示人。’彼圣人者，天下之利器也，非所以明天下也。”《韩非子·喻老》：“赏罚者邦之利器也。在君则制臣，在臣则制君。”张松如说：“‘利器’云者，乃指人君赏罚之权，所以控制臣下者也。前句‘鱼不可脱于渊’，正为此句作喻，意谓若鱼脱于渊，则失去其生机；国之利器示于人，则丧其权势。”按，“利器”一词，不单指治国的赏罚，还包括治军的策略在内，应释为“治国、治军的策略”。

译文 想要收敛它，必须暂且扩张它；想要削弱它，必须暂且加强它；想要废弃它，必须暂且支持它；想要夺取它，必须暂且给予它。这就叫作深沉的预见。柔弱必定战胜刚强。鱼不能离开深渊，治国、治军的策略，不能随便让别人知道。

三十七章

题解 此章主旨，可与三十二章互相印证。老子的“道”含有二重性：就其无目的、无意识来说，它是宇宙本体，永恒不变，是“无为”的；就其生长万物来说，它是万物发展变化的最后原因和总规律，是“无不为”的。老子常常用“天道”以论证“人道”，用“自然”以推论“社会”。在社会政治方面，希望理想的执政者“不欲以静，天下将自正”。

原文 道常无为，而无不为①。侯王若能守之，万物将自化②。化而欲作，吾将镇之以无名之朴③。镇之以无名之朴，夫将不欲④。不欲以静，天下将自正⑤。

注释 ①诸本悉如此。马王堆本甲乙本都作“道恒无名”。蒋锡昌说：“道常者，道之真，一章所谓‘常道’也。‘无为’者言其体，‘无不为’者言其用。王夫之亦读‘道，常，无为，而无不为。’”蒋、王二氏皆以“常”字混同于十六章“复命曰常，知常曰明”之“常”，实则此乃“恒”字，因避汉文帝讳而改为“常”字耳。

②马王堆本乙本及诸王本如此。马王堆本甲本“化”作“憠”。

傅奕、龙兴碑、《道德真经》诸本,“侯王”作“王侯”，并无“之”字。范本亦作“王侯”，而有“之”字。阮籍《通老论》:“道者法自然而为化，侯王能守之，万物将自化。《易》谓之太极,《春秋》谓之元,《老子》谓之道。”

③马王堆本乙本及河上、王、傅、范、唐宋诸本悉如此。马王堆本甲本“化”作“愿”。邵若愚、林希逸、彭耜、《道德真经集注》本，无上“之”字。马王堆本乙本“镇”作“阗”。甲本句中七字损掩。

④马王堆本乙本如此，惟“欲”作“辱”，当是音假，据今本改。甲本无“镇之以”三字。傅、范亦无“镇之以”三字，全句作“无名之朴，夫亦将不欲”。诸王本“不欲”作“无欲”。龙兴碑无“之”字、“夫”字，作“无名朴，亦将无欲”。景龙、开元、景福及苏辙、邵若愚、林希逸等唐宋诸本，多无“夫”字。高亨说:“余疑此文当作:‘吾将镇之以无名之朴。镇之以无名之朴，夫亦将无欲。’转写挩去‘镇之’二字耳。……本章皆连环句法,‘化’字叠,‘镇之以无名之朴’七字叠,‘无欲’二字叠。”

⑤傅、范与诸唐本、道藏河上本皆如此。宋刊河上本及诸王本,“正”作“定”，马王堆本乙本作“不辱以静，天地将自正”，甲本“静”假作“情”。劳健说:“定字本从正，义得互通。《说文》引古文‘正’作‘正’，夏竦《古文韵》‘定’字

引汉简作‘正’形并近同。”

译文 “道”经常是没有什么作为的，然而，又没有什么不是它的所为。侯王如能遵守它，万物都会自然变化。万物在变化中而有私欲产生，我将用没有名称的“道”来镇伏它们。用没有名称的“道”来镇伏它们，那么就会根绝私欲。根绝了私欲就可以得到宁静，天下就自然达到安定。

下篇 德经

三十八章

题解 “道”和“德”是《老子》哲学的基本概念。“道”原含“法则”和“普遍规律”的意义，老子却把它看作是产生和支配万物的精神实体，“德”是“道”的基本特征和体现。本章提到“上德”，即基本上能认识和掌握“道”的人，所以有德；“下德”，即不能认识和掌握“道”的人，所以无德。中间提到仁、义、礼、智（前识），重“道”轻“礼”，反对儒家的仁、义、礼、智，认为它们破坏了“道”的完整性（采复旦大学哲学系《老子注释》的意见）。

原文 上德不德，是以有德。下德不失德，是以无德[①]。上德无为，而无以为[②]。下德无为，而有以为[③]。上仁为之，而无以为。上义为之，而有以为[④]。上礼为之，而莫之应，则攘臂而扔之[⑤]。故失道而后德，失德而后仁，失仁而后义，失义而后礼[⑥]。夫礼者，忠信之薄，而乱之首也[⑦]。前识者，道之华，而愚之始也[⑧]。是以大丈夫处其厚，不居其薄；处其实，不居其华。故去彼取此[⑨]。

注释

①马王堆本乙本如此。诸本并同。《韩非子·解老》所引，无后二句。马王堆本甲本损掩，只剩末一“德”字。

②河上公与诸王本、诸唐本悉如此。马王堆本乙本同，惟末有“也”字；甲本“为而”二字损掩。“无以为”，傅、范及景龙作“无不为”。《韩非子·解老》所引作“无不为也”。以，何。杨树达《词诠》：“以，假借为台，何也。”下同。

③朱谦之《校释》如此。马王堆本及韩非，均无此句。“无为”二字，河上公、王弼及诸唐本均作“为之”。“有以为”三字，傅、范俱作“无不为”，劳健从之，并补“也”字。蒋锡昌从陶鸿庆说，谓上句当从韩非作“上德无为，而无不为”，此句当作“下德为之，而有不为”，与上句反正互明。张松如说：“景龙本，‘为之’二字原泐，据他本补。”朱谦之《老子校释》以为“为之”二字实误，应补“无为”二字，全句当作“下德无为，而有以为”。衡以上下文，“上德”与“下德”为对，“上仁”与“上义”为对，均以“无以为”对“有以为”。他解错落难通，朱说是，今从之。

④马王堆本甲乙本与韩非所引及众他本悉如此。惟马王堆本及韩非所引，均有“也”字，他本皆无。马王堆本甲本前句句中“而无”二字损掩。

⑤王弼、范应元及《释文》如此。马王堆本乙本前句末有“也”字，“扔”，省作“乃”；甲本同，惟“上礼”与“攘臂”

间八字损掩。《韩非子·解老》所引，无“则”字，“扔”亦作“仍”。朱谦之说：“御注、遂州、邢玄、庆阳、磻溪、楼正诸石本，严遵、傅奕、奈卷、室町、顾、彭诸本皆作‘仍’，范本作‘扔’，作‘扔’是也。《广雅》曰：‘扔，引也。’《广韵》曰：‘扔，强牵引也。’‘扔’与‘仍’音义同，但‘扔’字从手，与攘臂之义合。”范应元说：“揎袖出臂曰攘。”高亨说：“《广雅》：‘扔，引也。’攘臂而扔之者，谓攘臂以引人使就于礼也。”

⑥马王堆本乙本及后世诸通行本悉如此。甲本衍“失道矣”三字。“失义而后礼”句，“失”及“后礼”三字损掩。《韩非子·解老》所引，多四“失”字。作“故曰：‘失道而后失德，失德而后失仁，失仁而后失义，失义而后失礼。’”蒋锡昌《校诂》：“此云人君失无为之道，而后以德化为治，失德化而后以仁爱为治，失仁爱而后以分义为治，失分义而后以礼敬为治也。”其言颇近老子之旨。

⑦傅、范及景福、《道德真经》诸本悉如此。马王堆本乙本“薄”作“泊”，上句多一“也”字；甲本前句八字损掩。《韩非子·解老》所引作：“夫礼者，忠信之薄也，而乱之首乎！”王本并无下“也”字。严遵、程大昌、吕知远诸本无“夫”字。李道纯《道德会元》无“而”字。

⑧傅、范及《释文》《群书治要》诸本悉如此。马王堆本甲

乙本，前句多一“也”字，甲本“前识者”三字损掩。《韩非子·解老》所引，同马王堆本，两句末皆有“也”字。王本无下“也”字。李道纯《道德会元》无“而”字。

⑨王弼如此。傅、范、严遵及《群书治要》诸本与《韩非子·解老》所引，两“居”字均作“处”。景龙、开元、古观楼、龙兴碑、《道德真经》及苏辙、宋徽宗诸本，前“居”字作“处”，后“处”字作“居”。马王堆本甲乙本两“处”，字均作“居”，“薄”字均假作“泊”；甲本前句句中多一“而”字，“彼”字省作“皮”；乙本前句损掩三字，后句句中多一“而”字，“彼”假作“罢”，末句作“故去罢取此”。

译文

品德高尚的人，不在乎形式上的“德”，因此就有德。品德低下的人，死守着形式上的“德”，因此就没有德。品德高尚的人没有什么作为，而且不想为着什么去作为。品德低下的人没有什么作为，却想为着什么去作为。最仁爱的人有所作为，但是不想为着什么去作为。最正义的人有所作为，而且是想为着什么去作为。最有礼节的人有所作为，可是人家都不理睬他，他就扬起胳膊，指引人们遵守礼节。所以，失去了道，然后才有德；失去了德，然后才有仁；失去了仁，然后才有义；失去了义，然后才有礼。所谓礼节这个东西，标志着忠信的不足，意味着祸乱的开始。所谓“先见之明”这回事，乃是大道的虚华，也是愚昧的开始。因此，大丈夫立身淳厚，不居于浅薄；存心朴实，不居于虚华。所以要舍弃那后者（彼、礼、薄、华），而采取这前者（此、道、厚、实）——崇道薄礼。

三十九章

题解 “一”在《老子》书中，有两种解释：一指“道”，即产生万物和支配万物的客观精神；一指由“道”外化或派生的原始物质——混沌未分之气。这里指“道”。老子强调一切都要以“道”为准则。不论是天、地、神、谷、万物、侯王，都来源于“道”。如果失去了“道”或背离了“道”，天、地、神、谷、万物、侯王，都将不能存在下去。并进一步主张“贵以贱为本，高以下为基”，充分反映了老子“无为而治”与“致虚”“守静”的思想。

原文 昔之得一者[①]：天得一，以清；地得一，以宁；神得一，以灵；谷得一，以盈；万物得一，以生；侯王得一，以为天下正[②]。其致之也[③]，谓天无以清，将恐裂；谓地无以宁，将恐发；谓神无以灵，将恐歇；谓谷无以盈，将恐竭；谓万物无以生，将恐灭；谓侯王无以为正，将恐蹶[④]。故贵必以贱为本，高必以下为基[⑤]。是以侯王自谓孤、寡、不谷[⑥]。是其以贱为本也，非欤[⑦]？故数至舆，无舆[⑧]故不欲琭琭若玉，珞珞若石[⑨]。

注释

①马王堆本甲乙本如此，诸本悉同。高亨说：“《老子》书中之一，厥义有三：一曰，一者身也，说见十章。二曰，一者大极也，说见四十二章。三曰，一者道也，本章诸‘一’字，即道之别名也。”

②河上与景龙碑本如此。“侯王”，傅、范、龙兴碑作“王侯”。“正”，傅、范、开元与诸王本皆作“贞”。范注：“贞，正也。一本作正，后人避讳也。”王念孙说：“河上本‘贞’作‘正’，注云：‘为天下平正。’《尔雅》曰：‘正，长也。’《吕氏春秋·君守》篇：‘可以为天下正。’高注曰：‘正，主也。’‘为天下正’，犹《洪范》言为‘天下主’耳。”又云：“‘侯王无以贵高’，贵高二字正承‘为天下正’言之，是‘正’为君长之义，非平正之义也。王弼本‘正’作‘贞’，借字耳。”马王堆本甲乙本均作“正”，均无“万物”句。“侯王”句，乙本同今本，甲本句中多一“而”字，无“天下”二字，作“而以为正”，“而”字上三字损掩。严遵、敦煌，亦无“万物”句。

③马王堆本甲本如此，乙本作“其至也”。敦煌同甲本。其他唐本与诸王本作“其致之”。傅、范与宋徽宗、吴澄、明太祖、焦竑诸本作“其致之一也”，多“一也”二字。马叙伦说：“易州、馆本、磻溪、臧疏、奈卷、寇、赵、张之象，无‘一也’二字。成疏曰：‘通结前六字，咸得一道也。’是成本亦有‘一也’二字。然此句是古注文。”苏辙说：“致之言极也。”高

亨说:“致，犹推也，推而言之如下文也。”依高氏说,“其致之也”句，是启下文，非总上文。“一”字当属衍文。

④据马王堆本并参照今本，加以补订，写定如此。马王堆本甲乙本俱各五句，无“万物”句，据今本补。乙本只一“谓”字冠首句，甲本各句皆以“谓”字起，语气较盛，此从甲本。他本均无“谓”字。马王堆本“谓”省作“胃”,“无”通作“毋”,“以”假作“已”,“竭”讹作“渴”；句中间有损掩，甲本九字，乙本四字；末句，乙本作“侯王毋已贵以高，将恐欮”。范本作“王侯无以为贞将恐蹶”，注云:“古本如此，河上公‘为贞’下有‘而贵高’三字。”傅本作“王侯无以为贞而贵高将恐蹷。”刘师培说:“发，读为废。《说文》‘废，屋顿也。’《淮南子·览冥训》‘四极废’，高注:‘废，顿也。’《左传》定公三年‘废于炉炭’，杜注:‘废，坠也。’顿坠之义与倾圮同。恐发者，犹言将崩圮也，即地倾之义。发，为‘废’字之省形。”又说:“案上文‘天无以清’‘地无以宁’‘神无以灵’‘谷无以盈’‘万物无以生’，均承上‘以清’‘以宁’‘以盈’‘以生’言，推此句‘无以贵高’，与上‘以为天下贞’不相应。疑‘贵’即‘贞’字之讹。贵、贞形近。后人据此节王注‘清不足贵’诸文，遂改‘贞’为‘贵’，又疑‘贵高’并文，与下‘贵高’二语相应，遂于‘贵’下增‘高’字，实则‘贵’当作‘贞’,‘高’乃衍文也。”蹶,《说文》:“僵也，

从足，厥声。”《广韵》:“蹶，失脚也，僵也。亦作蹷。”“侯王无以贞，将恐蹶”，言侯王无以为贞，将恐颠覆失其位也。

⑤河上、景福、陆希声、司马光与《群书治要》及《淮南子·道应训》所引悉如此。马王堆本甲乙本同。他本无二“必”字。开元并无下“为”字。马王堆本甲本作“故必贵而以贱为本，必高矣而以下为基”。乙本无前“而”字。刘师培说:“《淮南·原道训》作‘贵者必以贱为号’，是古本如此。号，指孤、寡、不谷言。”马叙伦说:“案臧疏、奈卷及《淮南子·道应训》《文子·道原》《治要》《意林》《文选·励志诗》注引‘以’上并有‘必’字。各本及《御览》四二三、袁宏、明谦引《汉书·魏豹田横传》颜注引，并同此。”

⑥王弼如此。马王堆本甲乙本同，惟“谓”省作“胃”，“穀”简作“橐”。河上与诸唐本、《群书治要》本，“穀”作“轂”。傅、范“侯王”作“王侯”。“谓”字景福作“曰”，宋徽宗、林希逸、董思靖及《群书治要》等本，作“称”。奚侗《集解》:“《左传·僖公四年》传‘岂不谷是为?’杜注:‘孤、寡、不谷，诸侯谦称。’孤云孤独，寡云少德，不谷，不善也。”

⑦傅、范如此。马王堆本乙本作:“此其贱之本与，非也?”甲本“之”字与“也”字损掩。王弼、河上作:“此非以贱为本耶，非也?”景龙作:“此其以贱为本耶非?”奚侗《集解》作:“此非以贱为本乎?”

⑧王弼如此。马王堆本甲乙本尽同，惟甲本“舆”作“与”，乙本“致”作“至”。敦煌句末有“也”字。两“舆”字，景龙、景福及河上，均作“车”；傅、范及《释文》等均作“誉”。严遵作“故造舆于无舆”。高延第说：“陆氏《释文》出‘誉’字，注：‘毁誉也。’是原本作‘誉’。《庄子·至乐》篇：‘至誉无誉’，尤可为证。”马叙伦说：“此文当作‘致誉无誉’，致有误作数者，校者彼此旁注，后人误写入正文耳。”高亨说：“作誉是也。数字衍，当删。”

⑨马王堆本大概如此，惟乙本“琭琭”作“禄禄”，“珞珞”作“硌硌”；甲本“琭琭”二字及“硌”后三字损掩。他本均无“故”字。王弼本作“不欲琭琭如玉，珞珞如石”。“琭琭”，敦煌作“禄禄”，河上、傅奕、苏辙等作“碌碌”；“珞珞”，河上、傅奕、苏辙、范应无等作“落落”，唐玄宗、杜光庭、吴澄、张嗣成等作“硌硌”。两“若”字，河上、傅、范同马王堆本，作“若”，王及诸唐本作“如”。《后汉书·冯衍传》：“不碌碌如玉，落落如石。”李注：“玉貌碌碌，为人所贵；石形落落，为人所贱。”琭琭、碌碌，玉美貌；珞珞、落落、石恶貌。

译文 自古以来得到“一”（道）的：天得到“一”，因而清明；地得到“一”，因而稳定；神得到“一”，因而灵验；溪谷得到“一”，因而充盈；万物得到“一”，因而滋长；侯王得到“一”，因而做天下首领。推而言之，假如说天没有这样清明，恐怕就要破裂；假如说地没有这样稳定，恐怕就要崩圮；假如说神没有这样灵验，恐怕就要消失；假如说溪谷没有这样充盈，恐怕就要枯竭；假如说万物没有这样滋生，恐怕就要毁灭；假如说侯王没有做好领导工作，恐怕就要灭亡。所以贵必定以贱为根本，高必定以下为基础。因此侯王自称为“孤”“寡”“不谷”。这大概就是“贵以贱为根本”。难道不是这样的吗？所以千方百计地追求荣誉，必定得不到荣誉。因此既不要求琭琭晶莹像美玉，也不要求珞珞坚硬像山石。

四十章

题解 这一章，老子提出“反者道之动”的命题，指出“道”向着跟它相反的方面变化、运动，这是一条辩证法的重要原则。他又提出“弱者道之用”的命题，把“弱”向“强”的转化绝对化，这就陷入了循环论和宿命论的泥坑。最后提出“有生于无”的唯心主义观点，对魏晋玄学、宋明理学，都有直接影响。

原文 反者道之动，弱者道之用①。天上万物生于有，有生于无②。

注释 ①诸通行本皆如此。马王堆本甲乙本互相校补，可以写作“反也者，道之动也；弱也者，道之用也”。甲本“反也者”三字损掩，乙本“弱也”二字损掩。朱谦之说：“反，复也，此《易》义也。《易·复彖》曰：‘反复其道，七日来复，天行也，复其见天地之心乎！’《杂卦传》曰：‘复，反也。’《乾彖传》曰：‘终日乾乾，反复道也。’《泰彖》曰：‘无平不陂，无往不复。’反即复也。故《老子》曰：‘万物并作，吾以观其复。夫物云云，各复归其根，归根曰静，静曰复命。’又曰：‘复归于婴儿’‘复归于无极’，此复之即返而归之也。‘大曰逝，逝曰远，远曰反’，此待其远而后反也。反自是动，不动则无所谓反，故曰：‘反者道之动。’反自是逆，逆而后顺，故：‘玄德深矣远矣，与物反矣，然后乃至大顺。’又‘弱者道之用’，盖得《易》之《坤》者也，《乾》藏于《坤》，故曰弱。《易》曰：‘潜龙勿用’，而《老子》言无用之用，是道之用。”高亨说：“反，旋也，循环之义。《荀子·赋》篇：‘攭兮其相逐而反也。’王念孙曰：‘反，亦旋也。’（见《读书杂志》）”又说：“道善利万物而不用，是以弱为用也。”

②马王堆本乙本及傅、范、开元、敦煌、古观楼、《道德真经》等悉如此。河上、王弼与广明、景福等，“之”字作“万”。马王堆本甲本，只残留一“天”字，余均损掩。马叙伦说：“弼注曰‘天下之物皆有以生’，是王亦作‘之物’。今作‘万物’者，后人据河上本改也。”朱谦之说：“首章‘无名，天地始；有名，万物母’，以无名与有名对，天地与万物对，始与母对。此章亦言有无，则‘天下万物’，当作‘天地万物’，于义为优。”录备考。

译文 反复（循环）是“道”的运动，柔弱是“道”的作用。天下万物生于具体的事物（有），而具体事物却由无形之象的“道”产生。

四十一章

题解 “士”在周代中期，一般指下层贵族或知识阶层。老子把这种人分成上、中、下三类，以“为道”的勤惰作为分等的依据。接着引古代十二句成语，从有形与无形、存在与意识、自然与社会诸领域的多种事物的本质与现象中，论证矛盾的普遍性，揭示主观辩证法来源于客观辩证法。这些都是积极的。但中间透露出“退守”“柔弱”“不争”诸德，符合“道”的原则，又带上某些消极因素（采张松如说）。

原文 上士闻道，勤而行之；中士闻道，若存若亡；下士闻道，大笑之①。弗笑，不足以为道②。是以建言有之曰③：明道若昧，进道若退，夷道若颣④。上德若谷，广德若不足，建德若媮⑤，质真若渝，大白若辱⑥。大方无隅，大器晚成，大音希声，大象无形。道隐无名⑦。夫唯道，善始且善成⑧。

注释 ①王弼如此。马王堆本乙本及龙兴碑，“而”作“能”。傅奕，“勤而”作“而勤”。“大”上有“而”。开元无前“之”字，作“勤而行”。“勤”字马王堆本乙本作“堇”，范应元作“懃”。

俞樾说:“按王氏念孙《读书杂志》曰:‘大笑之,本作大而笑之,犹言迂而笑之也。”《牟子》引《老子》,正作“大而笑之”。《抱朴子·微旨》亦云“大而笑之”,其来久矣。是牟、葛所见本,皆作大而笑之。’今按王说是也。‘下士闻道,大而笑之’,与上文‘上士闻道,勤而行之’,两句相对。傅奕本作‘上士闻道,而勤行之,下士闻道,大而笑之’,盖误移两‘而’字于句首,然下句之有‘而’字,则尚可藉以考见也。‘而勤行之’是‘勤而行之’之误。然则‘而大笑之’是‘大而笑之’之误,可以隅反矣。”高亨说:“若,犹或也。留于心谓之存,去于心谓之亡。言中士闻道,有时则留之于心,有时则去之于心也。”若存若亡,犹言将信将疑。

②马王堆本乙本如此,惟“不足”二字损掩,据他本补。他本“弗”字俱作“不”。敦煌一本“笑”下有“之”字。

③马王堆本乙本如此,敦煌同。傅、范“是以”作“故”,有“曰”字。河上、王弼“是以”亦作“故”,无“曰”字。景福、古观楼、龙兴碑及《道德真经》诸本,并无“是以”或“故”,亦无“曰”字。奚侗说:“建言,殆老子所称书名也。《庄子·天下》篇引法言,《鹖冠子·天权》篇引逸言,《鬼谷子·谋》篇引阴言,《汉书·艺文志》有谰言,可证书名曰言,古人之通例也。”蒋锡昌说:“建言,非古载籍名,谓古之立言者。老子引古立言者语,十四章所谓‘执古之道’也。”任继

愈说:“建言，可能是古代的现成的谚语，或歌谣，或以建言为书名，但《老子》从未征引过古书，此说恐难成立。”建言，有人说是格言，有人说是成语，今采成语说。

④王弼如此。马王堆本乙本“昧”作“费”,“颣”作“类”,三“若”字皆作“如”，下五句中“若”字亦然。“颣”字，河上、傅奕、吕惠卿及景龙、景福、敦煌、龙兴碑、《释文》《道德真经》诸本，同马王堆本，均作“类”。傅奕及宋徽宗、林希逸、董思靖诸本,“夷道”句在“进道”句上。《帛书乙本释文》注:“费，通行本作昧。按《说文》:‘曊，目不明也，从目，弗声。’疑费当作曊。”奚侗说:“夷，平也。平有正谊。颣，左昭二十八年传:‘忿颣无期’，杜注:‘戾也。’戾，有反谊。此谓正言若反。夷颣相对，与明昧、进退同。河上本误作类。”蒋锡昌说:“‘明道若昧’者，以昧为明也;‘进道若退’者，以退为进也;‘夷道若颣’者，以不平为平也。”

⑤依傅奕本写定如此。“上德”句下，原有“大白若黣”一句，今移“质真”句后。马王堆本乙本三“若”字俱作“如”,“谷”字作“浴”,“媮”字损掩。严遵,“广”作“盛”。敦煌,“足”作“濡”，无“建德”句。“媮”字，傅奕及广明作“偷”;范应元作“输”;河上公作“揄”。俞樾说:“建，当读为健。《释名·释言语》曰:‘健，建也，能有所建为也。’是健、建意同，而义亦得通。‘建德若偷’，言刚健之德，反若偷惰也。正与

上句‘广德若不足’一律。”媮、愉、偷三字古通,《集韵》:“愉,或作媮。”《礼记·坊记》注:“言不愉于死亡。”《释文》:“愉,本作偷。”王、范本作“输”,河上作“揄”,盖皆形误。⑥“大白若辱”句,敦煌本在“上德”句上,他本均在“上德”句下,今依义移“质真”句后。两句均据王本写定。马王堆本乙本“质”字后三字损掩,“大白若辱”作“大白如辱”,亦在“上德”句下。“莫”字,河上公、司马光、冠才质、白玉蟾诸本作“直”,《释文》作“真”。“渝”字,傅作“输”。张松如说:“‘大白若辱’句,今移置‘质真’句后,则‘明道’‘进道’‘夷道’与‘上德’‘广德’‘建德’,各为三句连读,且‘若辱’上韵‘若渝’,又‘大白’下接‘大方’‘大器’‘大音’‘大象’诸句,读起来就顺当多了。”“质真若渝”,傅奕本作“质直若输”。朱谦之说:“输假为愉,有苟且怀安之意。又为‘渝’。‘质真’之‘真’为‘悳’之讹‘质悳若渝’,盖谓质朴之人,行动迟缓,驽弱有若输愚者也。”刘师培说:“疑‘真’亦作‘德’,盖‘德’字正文作‘悳’,与‘真’相似也。‘质德’与‘广德’‘建德’一律,‘广德’为广大之德,与‘不足’相反;‘建德’为刚健之德,与‘偷’相反;‘质德’为质朴之德,与‘渝’相反,三德乃并文也。”“辱”字,傅、范本作“黷”。范应元说:“黷,音辱,黑垢也。古文如此,河上作辱。”《说文》无“黷”字。《玉篇》:“黷,黑也。”

当为“辱”之古文。《广雅·释诂》三:“辱，污也。”

⑦河上、王弼及唐宋诸本悉如此。傅奕,“希”作“稀”。马王堆本乙本,“隅”作“禺”,“晚”作“免”，均系省简或音假;“大象无形”作“天象无刑”,“隐”作“褎”，即“褒”之异体。《帛书乙本释文》注曰:“褒义为大为盛，严遵《道德指归》释此句云‘是知德盛无号，德丰无谥’，盖其经文本作褒，与乙本同，经后人改作隐。隐，蔽也。‘道隐’，犹言道小，与上文‘大方无隅’四句意正相反，疑是误字。”蒋锡昌说:“此‘无名’乃包括上文‘若昧’‘若退’‘若颣’‘若谷’‘若辱’‘若不足’‘若媮’‘若渝’‘无隅’‘晚成’‘希声’‘无形’等意义而言。此句总结上文，非与‘大象’句为偶也。《老子列传》:‘老子修道德，其学以自隐无名为务。’盖即据此文而言。‘道隐无名’，言大道隐于无名也。”奚侗“道隐无名”注:“微妙玄通，深不可识。”按,“道隐无名”句，系“建言”十二句的结语。蒋、奚两说并存，可以相互参证。

⑧马王堆本乙本如此。敦煌无第二“善”字。河上、王弼、傅奕及开元皆作:“夫唯道，善贷且成。”范本,“且”，下有“善”字，注曰:“严遵、王弼同古本。河上公作‘善贷且成’。今从古本。”是范见王本亦作“善成”。于省吾《新证》:“按敦煌本‘贷’作‘始’，当从之。始，从台声，与‘贷’声近，且‘贷’‘始’并‘之’部字。”

译文 上等士人听到道，努力去实践；中等士人听到道，将信将疑；下等士人听到道，认为很空泛而加以诽笑。不被诽笑，就不算是什么道。因此古来就有这样的成语：光明的道，好像暗昧；前进的道，好像后退；平坦的道，好像崎岖。崇高的德，好像卑下的豁谷；博大的德，好像不足；刚健厉行的德，好像懈怠。质朴纯真，好像迟笨；最洁白的东西，好像肮脏。最方正的东西，好像没有棱角；最贵重的东西，总是最后完成；最强的声音，音稀声弱；最大的形象，没有踪影。道呵，幽隐而无名。只有这个道，才善于产生一切，而又善于成就一切。

四十二章

题解 本章前半部分讲“道”是万物的总根源。老子从客观唯心主义出发，认为“道”是宇宙本体，万物由“道”派生，由“负阴而抱阳”，到“冲气以为和”说明宇宙万物产生物的过程。后半部分讲柔弱、退守是处事的最高原则，谦受益，满招损，符合辩证法之道。前后两部分，探索道本，上下文词，似若不接，而义仍相关（采蒋锡昌说）。

原文 道生一,一生二,二生三,三生万物①。万物负阴而抱阳，冲气以为和②。人之所恶，惟孤、寡、不谷，而王侯以自称也③。故物，或损之而益，或益之而损④。人之所教，亦议而教人⑤。“强梁者不得其死!”吾将以为学父⑥。

注释 ①诸通行本皆如此。马王堆本乙本同，惟“万物”二字损掩；甲本全部损掩。奚侗说:“《淮南子·天文训》:‘道者，规始于一。一而不生，故分而为阴阳，阴阳合而万物生，故曰：一生二,二生三,三生万物。’《易·系辞》:‘是故《易》有太极，是生两仪。’道与易异名同体。此云‘一’，即‘太极’，‘二’，即‘两仪’，谓天地也。天地气合而生和，二生三也。和气合而生物，三生万物也。”大田晴轩说：“道，理也；一，一气也；庄周所谓‘一之所起，有一而未形’是也。二，阴阳也；三，形气质之始也。第十四章曰：‘此三者不可致诘，故混而为一’，盖此三者也。意谓道生一气，一气分为阴阳，气化流行于天地之间，形气质具，而质万物生焉，故曰‘三生万物’也。”蒋锡昌说：“道始所生者一，一即道也。自某名而言之，谓之道；自其数而言之，谓之一。然有一即有二，有二即有三，有三即有万，至是巧历不能得其穷焉。老子一二三，只是以三数字表示道生万物，愈生愈多之义。如必以一二三为天地人，或以一为太极，二为天地，三为天地相合之和气，则凿矣。”

②诸通行本皆如此。傅，“抱”作“裒”。范，“冲”作“盅”。马王堆本甲本前句损掩，后句“冲”作“中”，乙本只残剩“以为和”三字，余尽损掩。蒋锡昌说：“四章‘道冲而用之或不盈’之‘冲’，当作‘盅’，此‘冲’当从本字。《说文》：‘盅，气虚也。’‘冲，涌摇也。’二谊不同。道之盈虚，譬之以器，故用‘盅’；阴阳精气，涌摇为和，故用‘冲’；此其例也。范作‘盅’，非是。”

③傅奕如此。马王堆本甲本，“人”作“天下”，“谷”作“橐”，“王侯”作“王公”，“自称”作“自名”，马王堆本乙本“恶”

作“亚”,“惟孤”及“名也”诸字损掩。末句，王弼作“而王公以为称”，敦煌作“而王侯以自名”，范应元作“而王侯以自谓也”。蒋锡昌说:“上言生生为道之本，此言谦下柔弱，亦为道之本。盖道能生生，所以有其生；君能谦下，所以守其生。上下文词似若不接，而义仍相关也。”

④河上公、王弼、傅奕、范应元及《淮南子·人间训》所引悉如此。马王堆本甲本，无“故”字及下“或”字，句作“勿（物）或敗（损）之▨▨，▨之而敗（损）”。乙本前句损掩，只残留一“云”（损）字，后句作“云（损）之而益”。苏辙无“故”字。开元、敦煌、古观楼、龙兴碑及《道德真经》诸本，无“故”下“或”字。严遵无“故物或”三字及下“或”字。《文子·符言》篇所引，一作“故物或益之而损，损之而益”；一作“故物或益之而损，或损之而益”，盖同马王堆乙本。

⑤马王堆本甲本如此。前有“故”字，今删；前句“之所教”三字损掩，据今本补；下句“亦”字讹作“夕”，据今本改。乙本两句全部损掩。范应元作“人之所以教我，而亦我之所以教人”，傅奕同范，无“而”字。他本前句尽作“人之所教”，后句殊参差不一；王弼作“我亦教之”，顾欢、邵若愚作“我亦义教之”，吕知常作“而我义教之”，孙盛作“我亦以教人”。奚侗说:“上‘人’字谓古人，凡古人流传之善言以教我者，我亦以之教人，述而不作也。”张松如说:“下句似仍

当从帛书作‘亦议而教人’，意即凡前人之所教我者，我亦发为议论去用以教人。后世诸本‘义’字，正是从帛书中的‘议’字演化而来。”

⑥敦煌、傅、范如此。马王堆本甲本，前有“故”字，“梁”字作“良”，句中无“其”字，“吾”字作“我”，“将”字损掩。乙本前句损掩，后句作“吾将以为学父”，“为学”二字损掩。“学父”，他本皆作“教父”。范应元说：“《音辩》云：‘古本作学父，河上公作教父。’按，《尚书》‘惟斅学半’，古本并作‘学’字，则‘学’字宜音‘斅’，亦‘教’也，义同。‘父’，始也。今从古本。”罗运贤说：“《说文》：‘父，巨也。’‘巨，规巨也。’‘教父’，即‘教巨’，犹言‘教条’也。训‘父’为‘始’，非是。”蒋锡昌说：“‘强梁者不得其死’，盖古人遗言。此语与老子思想相合，故老子取以为教条也。”张松如说：“‘斅父’或省作‘学父’，义同教父。父，训‘始’，训‘本’，或训‘巨’（规矩），谊亦相通。故斟酌众说，语译作‘教学总纲’。”张说甚是，今从之。

译文 道产生作为统一体的原始混沌之气，这统一体又分裂为阴阳这两个对立面，这两个对立面又产生新的第三者（阴阳和合），新生的第三者产生千差万别的东西（万物）。万物各自包涵阴、阳两个对立面，这阴阳两气，互相激荡，而得到统一。人们所厌恶的就是“孤”“寡”“不谷”，而王侯们却拿来自我称呼。所以，一切事物，有时减损它，却反而得到增加；有时增加它，反而受到减损。别人怎样教导我，我也用来去教导别人。“强狠霸道的人绝没有好下场！”我要把这个事例作为教人的总纲。

四十三章

题解 此章，老子又一次申述柔弱胜刚强的道理，又讲了“不言”的教诲、“无为”的好处。此种思想，贯串《老子》全书，前已涉及，不再复述。

原文 天下之至柔，驰骋于天下之至坚①。无有，入于无间②。吾是以知无为之有益也③。不言之教，无为之益，天下希能及之矣④。

注释 ①马王堆本甲本如此。惟“驰”字损掩，“骋”字省作“甹”，乙本“于”作“乎”，后句末三字损掩。范与《淮南子·原道训》及《淮南子·道应训》所引同此。王、傅与唐宋本无“于”字，敦煌并无“骋”字。至柔，最柔弱。驰骋，横冲直撞，这里指战胜、控制。坚，刚强。

②马王堆本甲本如此，乙本只残剩“无间”二字，余皆损掩。《淮南子·道应训》及《文子·道原》篇所引及景龙、景福、古观楼、《道德真经》、宋徽宗、苏辙等唐宋诸本悉同马王堆本甲本。河上公、王弼及唐玄宗御注本，无“于”字。傅奕、范应元、白玉蟾与《淮南子·原道训》所引，上有“出于”

二字，作“出于无有，入于无间”。张松如说：“‘无有’者，无形之道；‘无间’者，有形之物也。道至柔，物至坚，故曰‘无有入于无间’，正是‘天下之至柔，驰骋于天下之至坚’的意思。河上注：‘无有，谓道也。道无形质，故能出入无间，通神明、济群生矣。’得老旨矣。”

③马王堆本甲本如此。甲本“吾”省作“五”，“之有”二字损掩；乙本只残留“吾是以”三字及末一“也”字，余皆损掩。傅与《淮南子·道应训》所引同马王堆本。王、范及《淮南子·道应训》所引，无“也”字。景龙、敦煌省作“是以知无为有益”。《文子·自然》篇所引作“是以知其无为而有益也”。

④马王堆本甲本如此，乙本损掩，只残留末一“矣”字。前二句诸本悉同。末句，傅奕“希”作“稀”，无“能”字；河上、王弼、范应元等，并无“能”字、“矣”字，作“天下希及之”。

译文

天下最柔弱的东西，能够战胜天下最刚强的东西。没有形体的东西，能够渗透进没有间隙的地方。我因此认识到无所作为的好处。不用言辞的教导，无所作为的好处，普天下少有能赶上它的。

四十四章

题解 此章，老子宣扬利己主义思想（即“为我”思想，为以后杨朱一派所继承发挥），提出“知足不辱，知止不殆，可以长久”等观点，这对当时贪婪无厌之贵族统治阶级来说，的确是当头棒喝，发人深省；但对一般人来说，又很容易引导人们走到消极保守的道路上去。

原文 名与身，孰亲？身与货，孰多？得与亡，孰病[①]？甚爱，必大费；多藏，必厚亡[②]。故知足，不辱；知止，不殆；可以长久[③]。

注释 ①马王堆本甲本如此，乙本只残留“名与”二字，余尽损掩。《韩诗外传》所引及诸今本尽同。惟元张嗣成《道德真经章句训颂》、李道纯《道德会元》，“亡”作“失”。马叙伦说：“后人妄改也。‘亡’与‘病’韵。”奚侗说：“《说文》：‘多，重也。’谊为重叠如重，引伸可训为轻重之重。《汉书·黥布传》‘又多其财’，师古注：‘多，犹重也。’”任继愈说：“多，尊重、重视。《汉书·灌夫传》：‘士亦以此多’；《汉书·袁盎传》：‘诸公闻之，皆多盎’。”名，名誉，荣誉。身，生命。孰，疑问代词，哪个。亲，亲爱、亲切。货，财产。亡，丧失、丢失。病，危害、害处。

②景福《道德经碑》及河上公《道德真经注》、顾欢《道德真经注疏》、李荣《道德真经义解》、程大昌《易老通言》悉如此。马王堆本甲本只残留首尾"甚""亡"二字，中间八字损掩；乙本全部损掩。傅、王及其他诸通行本，都有"是故"二字于前。《韩诗外传》所引，亦有"是故"二字。李约《道德真经新注》，前有"故"字，无"是"字。

③马王堆本甲本如此，乙本损掩。景龙、敦煌、龙兴碑及严遵《道德真经指归》、赵至坚《道德真经疏义》同马王堆本。《韩诗外传》所引与河上、王弼、傅奕、范应元及诸通行本，均无"故"字。《淮南子·人间训》所引，"长久"，作"脩久"。(《淮南子》书避父讳。)高亨说："'可以长久'四字，似后人注语。"

译文 名誉与生命，哪个更亲切？生命与财富，哪个更贵重？获得与丢失，哪个更有害？因此，过分的吝啬，必定会造成更大的耗费；过多的储藏，必定会遭受更重的损失。因此，知道满足，便不会遭到侮辱；知道适可而止，便不会遇到危险；这样才能长久地存在下去。

四十五章

题解 任继愈说:“这一章讲的是辩证法的思想。老子认为，有些事物，表面看来是一种情况，实质上却又是一种情况。表面情况和实际情况有时完全相反。在政治上不要有为，只有贯彻了‘无为’的原则，才能取得成功。”

原文 大成若缺，其用不弊①。大盈若冲，其用不穷②。大直若诎，大辩若讷，大巧若拙，其用不屈③。躁胜寒，静胜热，清静可以为天下正④。

注释 ①王弼如此。马王堆本甲本同,“弊”作“幣”;乙本损掩。诸通行本大同小异;“缺”字，景龙作“鈌”。朱谦之《校释》:“‘鈌’各本作‘缺’,《意林》卷一引经及河上公注均作‘铁’，宋刊河上本作‘鈌’。”马叙伦《校诂》:“‘鈌’‘铁’并‘缺’之讹。六朝俗书‘缶’旁与‘垂’旁往往相乱。‘缶’，写成‘垂’，因复误为‘金’也。”“弊”字，朱谦之《校释》:“傅奕、彭、赵及《韩诗外传》九均作‘敝’。《韵会小补》曰:‘敝，笔别切,《老子》云云。’是方日昇所见本作‘敝’。毕沅曰:‘“敝”，河上公、王弼作“獘”。’是毕所见河、王本作‘獘’。

今诸河、王本皆作‘弊’，同此石。”此石，指唐景龙二年，易州龙兴观道德经碑文。

②景龙及王弼如此。马王堆本甲本作“大盈若浊（冲），其用不窮（穷）”。乙本只残留“盈如冲其”四字，余尽损掩。“盈”字，傅、范、敦煌、龙兴碑均作“满”。“冲”字，傅、范作“盅”。范注曰：“‘大满若盅’，郭云、王弼同古本。”是范所见王本亦作“满”。毕沅说：“李善《魏都赋》注作‘大满若冲’。”朱谦之说：“案作‘盈’是也。‘满’字以避汉惠帝讳而改（蒋锡昌说）。各本作‘盈’，‘盈’字是故书（马叙伦说）。‘冲’，从傅、范本作‘盅’，是也。字亦作‘冲’。《淮南子·原道》‘冲而徐盈’，注：‘虚也。’此‘大盈若冲’，即大盈若虚也。”张松如说：“盅、冲、冲、浊并通，都是空虚的意思。马谓‘盈’是故书，蒋谓‘满’是避汉讳而改，甚是。帛书作‘盈’，是其证。”

③《韩诗外传》卷九所引如此。他本俱无“其用不屈”句。马王堆本甲本作“大直如诎，大巧如拙，大赢如炳”。乙本只残留“巧如拙”三字及一“绌”字，余尽损掩。马王堆本《老子甲本释文》注：“通行本作‘大辩若讷’。疑此处有脱文，原文作‘大赢如绌，大辩若炳’。炳，即‘讷’字之误。”今乙本仍残留一“绌”字，据此以推，则马王堆本当为四句，作“大直如诎，大巧如拙，大赢如绌，大辩如讷”。“诎”字，景龙作

“屈”，河上、诸本同。傅、范作“诎”，同马王堆本。范应元说:“‘诎’音屈，枉曲也。”诸本“大巧”句均在“大辩”句前。惟《牟子·理惑论》引作“大辩若讷，大巧若拙”。同《韩诗外传》所引。孙诒让说:“《韩诗外传》九引《老子》，又有‘其用不屈’四字，以上文‘其用不弊’‘其用不穷’二句例之，则有者是也。韩所据者，犹是先秦西汉古本，故独完备，魏晋以后本，皆脱此句矣。”奚侗说:“《韩诗外传》九引‘大巧若拙’句，在‘大辩若讷’句下，而又有‘其用不屈’四字。例以上文‘其用不弊’‘其用不穷’二句，知‘大巧若拙’‘大辩若讷’句下，仍有脱简。”奚说是也。尚无确据，不能妄补。可以存疑。

④马王堆本甲本如此，乙本只残留“趮朕寒”三字，余尽损掩。甲本“躁”作“趮”,“静”作“靓”,“热”作“炅”，今均改作通用字。景龙,“寒”作“塞”。傅奕,“静”作“靖”。“清静可以为天下正”，傅、范句上有“知”字，句中无“可”字；河上、王弼及他唐本，并无“可以”二字；龙兴碑,“可以”二字作“能”,“正”作“政”；道藏严本作“能清能静为天下正”；扬子云《解嘲》李善注作“知清知静，为天下正”。任继愈说:“躁,《说文》作‘趮’，疾走叫做‘趮’。天冷时，跑跑跳跳，可以不冷，与下文‘静胜热’对照。”

译文 最圆满的好似残缺，它的作用永远不会衰败。最充实的好似空虚，它的作用永远不会枯竭。最平直的好似弯曲，最雄辩的好似口钝，最灵巧的好似笨拙，它的作用永远不会穷尽。急走能抵御寒冷，安静能克服暑热，清静无为可以成为天下的统治者。

四十六章

题解 老子反对一切战争，不论战争的性质是进步还是反动，一概加以反对，这种观点是错误的。他又认为战争是由于人们不知足、贪心重引起的；只要知足，不贪求什么，就不会发生战争。“知足之足，恒足矣。”这是一种唯心史观。

原文 天下有道，却走马以粪①；天下无道，戎马生于郊②。罪莫大于可欲，祸莫大于不知足，咎莫憯于欲得③。故知足之足，恒足矣④。

注释 ①马王堆本甲乙本如此，惟甲本“却”字损掩，乙本“天下有”三字及“以”字损掩。诸本同。《韩非子·解老》所引及唐强思齐本，末句有“也”字。傅本，“粪”作“播”。毕沅《考异》：“古字通。按，‘播’字，番声，古音与‘粪’字类同。此句又当作‘播’，布种也。”明太祖《御注道德真经》、吴澄《道德真经注》，“粪”下均有“车”字。马叙伦说：“各本及《韩非子·解老》篇、《喻老》篇。《汉书·西域传》注、《文选·七命》注引，并无‘车’字。”高亨《正诂》：“此言天下有道，干戈不兴，走马不用于军而用于田也。却，犹驱也。《韩非子·外储说右》上：'海上有贤狂矞，太公望闻之，往请焉，三却马于门而狂矞不报见也。'《楚辞·愍命》：'却骐骥以转运兮，腾驴赢以驰逐。'却并驱义，可以互证。《孟子·滕文公》篇：'凶年粪其田而不足。'赵注：'粪治其田。'《礼记·月令》：'可以粪田畴。'粪亦治田之义。"

②马王堆本甲本如此，乙本无"天下"二字。诸本尽同甲本。《韩非子·解老》所引，句末有"矣"字。高亨《正诂》："此言天下无道，战场在郊，牝马上阵也。戎马者，军中所用之马，与戎车、戎衣同意。《周礼·夏官》马质、校人，并言'戎马'，则'戎马'之名旧矣。生，产驹也。《尔雅·释地》：'邑外谓之郊。'古者战马用牡不用牝。天下无道，干戈相寻，牡马乏绝，牝马当戎，战阵在郊，故曰：'戎马生于郊。'"《盐铁论·未通》篇："闻往者未伐胡越之时，繇赋省而民富足，温衣饱食，藏新食陈，布帛充用，牛马成群，农夫以马耕载，而民莫不骑乘。当此之时，却走马以粪。其后师旅数发，戎马不足，牸牝入阵。故驹犊生于战地，六畜不育于家，五谷不殖于野，民不足于糟糠。"正为此文举一实例，可供参证。

③马王堆本甲本如此，乙本"祸"字以下损掩。傅、范同甲本。诸正本无"罪莫"句，而作"咎莫大于欲得"；《韩诗外传》九引作"罪莫大于多欲"，而无"咎莫"句。"憯"字，范注："音惨，痛也。"《说文》："憯，痛也。古音甚。""莫憯"，敦

煌作“莫甚”，他唐本及诸王本作“莫大”。韩非《解老》《喻老》所引，皆同马王堆本，作“莫憯”。“欲得”，韩非《解老》作“欲利”，《喻老》作“欲得”。

④河上、王、傅诸通行本悉如此，惟“恒”字作“常”，据马王堆本改。马王堆本多损掩，甲本只残留“恒足矣”三字，乙本只残留“足矣”二字。景龙无“矣”字。敦煌并无“故”字。《韩非子·喻老》作“知足之为足矣”。司马光本“知足常足矣”。朱谦之《校释》：“案足字从止，即‘趾’字，故义为止。《易》‘鼎析足’，郑注：‘无事曰趾，陈设曰足。’《汉书·五行志》：‘足者止也。’二十八章‘常德乃足’，河上注：‘止也。’刘咸炘曰：‘知止即知反。经屡言知足，即知止，知止谓保富贵也，相对往来皆不常久，必反乃为常，乃能久。’常久，实《老子》宗旨。”

译文 国家政治清明，人们赶着战马去种田。国家政治混乱，连怀胎的母马也用来作战。罪恶没有比任情纵欲更大，祸患没有比不知足更重，灾难没有比贪得无厌更惨。所以，知道满足的心理平衡，才是永远的满足。

四十七章

题解 此章，老子从客观唯心主义出发，提出“不出于户，以知天下；不窥于牖，以知天道；其去弥远，其知弥尠”等观点，片面强调理性认识，否认感觉观察的重要作用，是一种反科学的观点。

原文 不出于户，以知天下；不窥于牖，以知天道①；其去弥远，其知弥尠②。是以圣人弗行而知，弗见而名，弗为而成③。

注释 ①马王堆本甲乙本如此。“窥”字，甲本作“规”，乙本作“規”，据今本改。《吕览·君守》篇所引，两“以”均作“而”。《韩非子·喻老》所引，两“以”字上，均有“可”字。《淮南子·主术训》所引，无两“于”字，两“以”字均作“而”。傅奕同韩非，无两“于”字。范应元同傅奕，下“知”作“见”。王弼作“不出户，知天下；不闚牖，见天道”。蒋锡昌《校诂》：“‘闚’，《释文》作‘窥’，当据改。王注：‘故不出户闚牖而可知也。’七十章王注：‘可不出户闚牖而知。’疑王本‘见’作‘知’。”毕沅说：“案《韩非子》作“不闚于牖，可以知天道。'《说文解字》曰:'窥,小视也。''闚,闪也。''闪,窥头门中也。'《方言》:'凡相窃视,南楚谓之闚。'沅以为穴中窃视曰窥,门中窃视曰闚,应用'闚'字。老子楚人,用楚语矣。"

②傅、范如此。傅"弥"作"鿢",据他本改。"尠",一作"尟";范注:"尟字,韩非、王弼同古本。"今《韩非子·喻老》作:"其出弥远者,其智弥少。"诸王本,"尠"亦作"少";景龙作"近"。马王堆本甲本作"其出也弥远",下句只残留一"其"字;乙本作"其出弥远者,其知弥鲜",末一字损掩。尠,傅本作"尟"。《说文》:"尟,是少也。"朱骏声说:"贾侍中说字亦作'尠'。《易·系辞》郑本'故君子之道尟矣',虞本'尟不及矣',经传皆以'鲜'为'罕'为之。《尔雅·释诂》:'鲜,罕也。''鲜,寡也。'鲜、罕皆即此尟字。"毕沅说:"'尟'古'鲜少'字,诸本皆作少。"高亨说:"作尟是也。本章户、下为韵,牖、道为韵,远、尟为韵,名、成为韵,即其证。"

③据王、傅诸今本并参照马王堆本写定如此。马王堆本甲本只残存"为而"二字,乙本只残存"而名弗为而成"六字,余尽损掩。王、傅俱作"是以圣人不行而知,不见而名,不为而成"。众本皆同。今依马王堆本改"不"作"弗"。《韩非子·喻老》引作"不行而知""不见而明""不为而成"。毕沅

说："'知'，本或作'至'。"马叙伦说："'知'当作'至'。"又谓："'名''明'实一字。"武内义雄说："'名'乃'明'之假借。"劳健说："'见'，音现，与第二十二章'不自见故明'义同，当如韩非。""弗为"，依马王堆本，他本作"不为"，河上公本作"无为"。

译文 不出门口，就能知道天下的事物；不望窗外，就能认识自然界的变化规律；谁走得越远，谁就知道得越少。因此圣人不必经历就能知情，不必眼见就能心明，不必作为就能成功。

四十八章

题解 此章，老子强调“无为”，实际上是“有为”的。此种“无为则无不为”的思想，反映了老子站在没落的奴隶主贵族的立场，幻想通过消极无为而达到保全其社会地位的目的（采《老子注释》说）。

原文 为学者日益，为道者日损①。损之又损，以至于无为，无为则无不为②。将欲取天下者，恒以无事③。及其有事也，又不足以取天下矣④。

注释 ①傅、范及《庄子·知北游》所引如此。马王堆本乙本，下“为”字误作“闻”，“败”假作“云”。甲本损掩，只残留“为”字。河上、王及诸唐本，皆无两“者”字。范注：“傅奕、严遵与古本，有‘者’字。”蒋锡昌《校诂》：“二十章王注‘下篇为学者日益，为道者日损’，系引此章经文，可证王本二‘日’字上亦有‘者’字。”朱谦之《校释》：“‘为学日益’与二十章‘绝学无忧’，皆指学礼而言。《庄子·知北游》：‘礼者，道之华而乱之首也，故曰：为道者日损。’”

②傅、范如此。马王堆本甲本损掩，乙本，“损”假作“云”，

无下“之”字，上“为”字以下，全部损掩。河上、王弼无“之”字，“则”作“而”。范注：“‘则’字，陈绍、王弼同古本。”古时，“则”用如“而”。王引之《经传释词》：“则犹而也。”赵、彭、吴、潘，句末有“矣”字，臧疏及《庄子·知北游》所引，句末有“也”字。

③傅奕如此。“恒”作“常”，依马王堆本改。马王堆本乙本作“取天下，恒无事”。甲本同，“无事”二字损掩。河上、王弼及诸唐本作“取天下常以无事”。范作“将取于天下，常以无事”。宋徽宗、司马光、邵若愚、彭耜诸本作“故取天下者，常以无事”。彭耜说：“《纂微》、苏、曹、达真并作‘取天下’，程无‘故’字。”毕沅说：“河上、王弼无‘将欲’‘者’三字。”罗卷、馆本、易州、磻溪及成玄英《庄子·逍遥游》篇疏所引，同河上、王本，作“取天下，常以无事”。

④参照傅奕及马王堆本乙本写定如此。傅无“也”字，据马王堆本补；马王堆本乙本“又不”及“下矣”四字损掩，甲本全部损掩。河上、王弼及诸唐本、宋本，俱无“也”“又”“矣”三字。及，若、如果，假设连词。王引之《经传释词》：“及，犹若也。”

译文 追求学问的人，（知识）一天比一天增加；追求道的人，（知识）一天比一天减少。减少再减少，以至根本无所知而听任自然。听任自然，就能无所不为。要想夺取天下，就得表现出没有什么举动的样子，如果表现出有什么举动，就不可能取得天下。

四十九章

题解 此章是讲体“道”的“圣人”，即老子理想中的“人君”或“侯王”，贯彻“清静无为”的原则，把老百姓都当婴孩看待，使他们长期保持混混沌沌的纯真状态。

原文 圣人恒无心，以百姓之心为心①。善者善之，不善者亦善之，得善矣。信者信之，不信者亦信之，得信矣②。圣人之在天下歙歙焉，为天下浑浑焉③。百姓皆注其耳目，圣人皆孩之④。

注释 ①马王堆本乙本如此，惟“圣”字损掩，据今本补；甲本残损不可读。“恒无心”，河上、王、傅、范及唐宋以来诸今本，大都误作“无常心”。景龙、敦煌、顾欢诸本，无“常”或“恒”字，全句作“圣人无心”，可证“常心”二字，并非老子专用术语。此句宜依马王堆本作“恒无心”，或依今本作“常无心”。“无心”，犹言无私心。苏辙说：“虚空无形，因万物之形以为形，在方为方，在圆为圆，如使空自有形，何以形万物哉？是以圣人无心，因百姓之心以为心。”此言颇近老旨。下句，河上、傅奕及诸王本同景龙、敦煌，无“之”字。

②依据马王堆本，参照傅本写定如此。马王堆本甲本作“善者善之，不善者亦善之”，以下十五字损掩，末有“信也”二字，乙本“善”字下十字损掩，后面作“善也。信者信之，不信者亦信之，德信也”。傅本作“善者吾善之，不善者吾亦善之，得善矣。信者吾信之，不信者吾亦信之，得信矣”。诸今本同傅奕有四“吾”字。景龙、敦煌、龙兴碑、《群书治要》诸本作“得善”“得信”，无“矣”字。诸王及顾、范、彭、赵诸本同马王堆本，作“德善”“德信”，并有“矣”字。罗振玉说：“‘德’字，景龙本、敦煌本均作‘得’。”朱谦之说：“严、傅、遂州本及顾本引《节解》强本成疏及荣注引经文，亦均作‘得’。”蒋锡昌《校诂》：“‘德’假为‘得’。此言民之善与不善，圣人一律待之以善而任其自化，则其结果皆得善也。”下句“民之信与不信”，可以类推。

③傅奕如此。马王堆本乙本作“圣人之在天下也，欱欱焉”，下五字损掩，甲本“圣人”二字损掩，句作“（圣人）之在天下，翕翕焉为天下浑心”。“欱欱”“翕翕”，当为“歙歙”之异体。后世河上、王弼及唐宋以来诸今本，用字虽有小异，句型则大致同马王堆本。劳健《古本考》：“‘圣人之在天下歙歙焉’，傅、范皆如，诸唐本无‘之’字、‘焉’字。‘歙歙’，景龙、景福作‘怵怵’，开元、敦煌作‘惵惵’，《释文》亦作‘歙歙’。‘为天下浑浑焉’，傅本如此。‘浑浑’，范作‘浑心’，

诸唐本无‘焉’字，作‘浑其心’。皆非也。按：此乃二偶句，‘在天下歙歙焉’，承‘无常心’名，‘为天下浑浑焉’，承‘以百姓心为心’句。在，即《庄子》‘在宥天下’之‘在’；为，即‘不得已而为之’之‘为’。歙歙，言不敢强为，王弼注云：‘心无所主’是也。‘浑浑’，言不尚明察，王弼注云：‘意无所适。’是也。‘浑浑’，王弼注中今亦作‘浑心’，‘浑心’二字不成文理，显是‘浑浑’之讹，后人又加‘其’字。作‘浑其心’，并去二‘焉’字，遂使人误读二句如一句，又读‘为’字如‘因为’之‘为’，全失其义矣。”这里采张松如说，据傅本写定，参照劳氏所考，作为译文依据。

④河上、傅奕、范应元如此。武英殿王本，误夺前句，藏本有之。司马光《道德真经论》，“耳目”下有“焉”字。马王堆本甲本作“百姓皆属耳目焉，圣人皆咳之”，下二字损掩，乙本残缺不可读。“注”字，顾本成疏：“河上作‘注’，诸本作‘淫’。淫者，染滞也。”马王堆本甲本作“属”。《国语·晋语》：“若先，则恐国人之属耳目于我也，故不敢。”韦注：“属，犹注也。”淫、属、注三字声近义通，犹今语所谓注意也。“百姓皆注其耳目”，言百姓皆注意其耳目，以察是非得失，即王注所谓“各用聪明”也。“孩”字，王弼及景龙、开元皆作“孩”，傅、范及《释文》作“咳”，敦煌、龙兴碑作“恷”，严遵作“骇”。孩、咳、核、骇四字通假。高亨《正

诂》:“孩，借为阂。《说文》:‘阂，外闭也。’此文云:‘百姓皆注其耳目，圣人皆阂之’，即谓闭塞百姓耳目之聪明，使无闻无见也。此老子之愚民政策耳。”蒋锡昌《校诂》:“言圣人皆以小儿待之，不分别其善不善、信不信也。”又曰:“本章言百姓用智，而圣人化之以愚，亦无为之旨也。”蒋说颇近老旨，今从之。

译文 圣人永远没有私心，以百姓的心为自己的心。善良的人，要善待他们；不善良的人，也要善待他们，这样就得到了人们的好感。诚实的人，要信任他们；不诚实的人，也要信任他们，这样就得到了人们的信任。圣人心存天下，小心谨慎；身为天下，浑厚质朴。百姓的视听都集中在圣人身上，圣人都把他们当成无知无欲的婴儿看待。

五十章

题解 此章，老子阐述“摄生”之道：圣人全于天，依顺天道行事，无所作为，则外患不能侵（“兕无所投其角，虎无所措其爪，兵无所容其刃”），内忧不能入（“见素抱朴，少私寡欲，绝学无忧”《十九章》），长生久视，与天地同其寿命。

原文 出生入死①，生之徒十有三，死之徒十有三；而民之生，生而动，动皆之死地，亦十有三②。夫何故也③？以其生生之厚也④。盖闻善摄生者，陆行不遇兕虎，入军不被甲兵⑤。兕无所投其角，虎无所措其爪，兵无所容其刃⑥。夫何故也？以其无死地焉⑦。

注释 ①诸通行本悉如此。马王堆本甲本只残留一“生”字，乙本“出”字损掩，作“生入死”。

②傅奕与《韩非子·解老》所引皆如此。韩引无前“而”字。马王堆本甲本作“（生之徒十）有（三，死亡）徒十有三，而民生，生动，皆之死地，之十有三”。括号中七字损掩，“生动”间似夺“而”字，末“之”字显系“亦”字之讹。乙本作“生之（徒十又三，死）之徒十又三，而民生，生僮皆之

死地，之十有三”。大略与甲本同。范较韩、傅省“动皆”二字。“而”字以下十六字，王弼作:“人之生，动之死地，亦十有三。”景福作:“民之生，动皆之死地，十有三。”景龙、开元、敦煌、焦竑同王弼,“地”下多一“者”字，作“民之生，动之死地者，十有三”。皆无“生而动”三字，景福、景龙、敦煌、开元，亦无“亦”字。徒，马叙伦说:“徒为步道。《说文》无塗、途二字。盖‘徒’即‘塗、途’本字也。《庄子·至乐》篇:‘食于道徒’，即‘道途’也。此‘徒’字盖‘如’字读。”十有三，王弼说:“十有三，犹云十分有三也。”高延第说:“生之徒，谓得天厚者，可以久生；死之徒，谓得天薄者，中道而殀，动而之死者，谓得天本厚，可以久生；而不自保持，自蹈死地。盖天地之大，人物之蓄，生死纷纭，总不出此三者。”

③马王堆本甲本如此，乙本“夫”字损掩。傅及诸唐本无“也”字。范作“夫何哉”。奈良本、河上公《老子章句》作“夫何故哉”。韩非未引此句。

④河上、傅、范及景龙如此。王弼无“也”字。马王堆本甲本作“以其生生也”，乙本无“也”字。高亨说:“生生犹养生也。生生之厚者，逞欲于声色等，是自伤其生而动之死地矣。”高延第说:“生生之厚，谓富贵之人，厚自奉养，服食药饵，以求长生，适自蹈于死地，此即动而之死者之一端也。

缘世人但知戕贼为伤生，而以厚自奉养为能养生，不知其取死因也。故申言之。”

⑤王、傅、范如此。景龙，“兕”作“光”，乃“兕”之别构。马王堆本乙本作：“盖闻善执生者，陵行不辟累虎，入军不被兵革。”甲本“闻”“善”“辟”三字损掩，“累虎”作“矢虎”，“兵革”作“甲兵”。“摄生”，通行本作“摄生”，马王堆本作“执生”。执、摄音近义通。河上公说：“摄，养也。”这里训“保养、保护”。“摄生”犹言“保护生命”。“不遇”，严遵、吴澄、明太祖诸本作“不避”；宋刊《韩非子》作“不备”；道藏本河上如众本作“不被”。兕，犀之雌者。《尔雅·释兽》：“形似野牛，一角，重千斤。”《山海经》：“兕出湘水之南，苍黑色。”老子楚人，故以兕为喻。（采朱谦之说）

⑥河上、王、傅如此。众本大致相同。马王堆本甲本，“兕”作“矢”，“投”作“椯”。“措”作“昔”，“其刃”二字损掩，乙本大部损掩。“投”字，《淮南子·诠言训》引作“措”，敦煌、龙兴碑作“驻”；《盐铁论·世务》篇引作“用”。“措”字，范及龙兴碑、《释文》《韩非子·解老》作“错”；景龙作“揹”。蒋锡昌说：“《说文》：‘投，擿也。’‘兕无所投其角’，言善摄生者，既不为兕所逼，故兕亦无所擿其角也。”朱谦之说：“‘措’，安也。无所措其抓（爪），即无所安其抓（爪）也。”俞樾说：“《释名·释姿容》曰：‘容，用也。’‘兵无所容

其刃’，言兵无所用其刃也。”高延第说:“此章为处乱世者指示:兕虎、兵刃，皆凶暴不祥，喻世路之崎岖，人情之险诈。”
⑦傅奕如此。马王堆本甲本同，惟“失”字损掩，乙本前后各有三字损掩。王与诸唐本，无“也”字，无“焉”字。范上句作“夫何哉”，下句亦无“焉”字。韩非所引“无死地焉”四字。

译文 出世为生，入土为死。生存的占十分之三；死亡的占十分之三；有的人为了生存，而从事各种活动，因而陷于死亡，也占十分之三。这是什么缘故呢？因为他们迫切要求生存的缘故。听说善于保护生命的人，在陆地上行走，不会遇到犀牛和老虎，进入战阵，也无须披坚执锐。（因为对于善于保护生命的人，）犀牛用不上它的角，老虎用不上它的爪，兵器用不上它的刃。这是什么缘故呢？因为他们没有进入死亡之地啊。

五十一章

题解 本章，老子又一次阐述“道”以“无为”的方式生养万物的思想。“道”生万物而不据为己有，协助万物而不自恃有功，引导万物而不去宰制它们。这种品格，就叫作幽深玄远的德——玄德。

原文 道生之，而德畜之；物形之，而器成之①。是以万物尊道而贵德②。道之尊也，德之贵也，夫莫之爵，而恒自然也③。故道生之，德畜之，长之育之，亭之毒之，养之覆之④。生而弗有，为而弗恃，长而弗宰，是谓玄德⑤。

注释 ①马王堆本甲乙本如此，乙本夺前“而”字，两本“形”字均作“刑”，古“形”“刑”通。诸通行本均无两“而”字，“器”作“势”。蒋锡昌说：“势指各物所处的环境而言。”任继愈《老子新译》译作“对立的势力”。高亨《正诂》：“‘物形之，势成之’二句，义不可通，文必有误。疑此四句当作‘物，道生之，形之；德畜之，成之’。盖转写‘物’字窜入下文，‘形之’二字亦窜入下文，读者以意增‘势’字耳。”张松如《校读》:“高说固颖，而臆断无据。今帛书作‘器’，正好把这一矛盾解决了。‘器’，就是器械，就是工具。万物各因‘物’赋形，而又由‘器’以成之也。”复旦大学《老子注释》:“器，有形象的具体事物。”

②马王堆本甲乙本如此，甲本“德”字损掩。严遵、敦煌同马王堆本。河上、王、傅、范及唐宋诸通行本，于“万物”下多“莫不”二字。程大昌“是以”作“故”，无“而”字。景福亦省“而”字。开元“万物”作“圣人”。

③参照马王堆本甲乙本写定如此。甲本“道”字损掩，无前“也”字，乙本“爵”字后有“也”字。傅、范、开元、敦煌，无三“也”字。河上、诸王、景福诸本,“爵”字作“命”，河上一作“命也”。诸通行本,“恒”皆作“常”。

④河上、诸王本如此。马王堆本甲乙本无“故”字，夺“德”字。甲本“育”作“遂”,“毒”字及“养之覆之”四字损掩；乙本,“畜”字后四字及末一“之”字损掩。敦煌夺“畜之”二字。范夺“德”字，作“道生蓄之”。注云:“蓄，积也，古本如此。”畜、蓄古字通，训积，引申为繁殖。“亭之毒之”，景龙、开元、敦煌、景福四本，作“成之熟之”，傅、范与诸王本及《释文》悉如马王堆本乙本作“亭之毒之”。劳健《古本考》:“亭毒与成熟，声韵皆相近，或古有互训之义。亭毒，犹成熟也。”“养之覆之”，傅、范作“盖之覆之”，他本皆同

马王堆本乙本作“养之覆之。”

⑤依据马王堆本及王、傅诸本写定如此。马王堆本甲本作“(生)而弗有也，为而弗寺也，长而勿宰也，此之谓玄德”。乙本只残留“弗宰是胃玄德”六字，余尽损掩。通行本俱无三“也”字，三“弗”字皆作“不”。奚侗说:“此四句已见第十章，此复出。”朱谦之说:“罗卷‘恃’误作‘帐’，严本‘谓’作‘为’，又唐李约本无‘长而不宰’句。”

译文

“道”生长万物，而“德”繁殖万物；物质构成万物的形状，环境成就万物。因此万物都尊崇“道”而贵重“德”。“道”之所以被尊崇，“德”之所以被贵重，并没有谁给它们高贵的地位，而是它们永远就是如此自然而然。所以，“道”生长万物，“德”繁殖万物，使万物生长、发育，使万物结籽、成熟，对万物抚养、保护。生长万物而不据为己有，帮助万物而不自恃有功，引导万物而不宰制它们，这就叫作幽深玄远的德——玄德。

五十二章

题解 张松如说："本章表现出老子在认识论上片面夸大理性知识作用、轻视感性认识作用的唯心主义观点。老子在认识论上这种唯心主义观点，反映了他的唯物主义理论的不成熟性、辩证法思想的不彻底性以及政治思想中的落后保守性。"

原文 天下有始，可以为天下母[①]。既得其母，以知其子；既知其子，复守其母；没身不殆[②]。塞其兑，闭其门，终身不勤[③]。开其兑，济其事，终身不救[④]。见小曰明，守柔曰强[⑤]。用其光，复归其明，无遗身殃，是谓袭常[⑥]。

注释 ①傅本如此。马王堆本甲乙本及诸王本，均无"可"字。蒋锡昌《校诂》："按道藏王弼《道德真经注》于此经文下有注云：'善始之，则善养畜之矣，故天下有始，则可以为天下母矣。'道藏《道德真经集注》引王弼注，亦有。今注脱去。观注，王本'以'上有'可'字，与傅本同，当据补正。二十五章'可以为天下母'，与此文谊一律，亦其证也。"河上注："始，道本；母，道迹。道为天下万物始也。"成疏："夫玄道妙本，大智慧源，超绝名言，离诸色象。天下万物，皆从此生。今抗言者，欲令行人识根本知，故经云万物始也。以为母者，言从本降迹，导引苍生，长之育之，如母爱子。故上经云，有名万物母。”张松如说：“此章‘天下有始’，即一章‘无名，万物之始’，此章‘天下母’，即一章‘有名，万物之母’。”

②傅、范及今王本皆如此。马王堆本乙本同，惟“殆”借作“佁”；甲本“子”字损掩，并夺“既知其子”句。前二句道藏王本作“既知其母，复知其子”。“得”字、“守”字景福俱作“知”。“以”字，景福作“又”。朱谦之《校释》：“此章所云，即二十五章所谓‘周行而不殆’之旨。‘周行而不殆，可以为天下母’，即此章‘天下有始，以为天下母’也。‘既知其母，又知其子，既知其子，复守其母’，子母相承不绝，即不殆之义。不殆犹不止。”

③王、傅、范诸本如此。马王堆本甲乙本大致相同，惟有若干借字，如“兑”字，甲本作“闅”，乙本作“垗”；“终”字乙本作“冬”；“勤”字均作“堇”。“兑”字景福作“锐”，今传诸河上本，悉如他本作“兑”。注云：“目也。”《释文》引古河上本作“锐”，当为“兑”之形误。俞樾谓“兑”当读为“穴”，孙诒让谓“兑”当读为“隧”。奚侗说：“《易·说卦》：‘兑为口’，引申凡有孔窍者皆可云兑。《淮南子·道应训》：‘王者欲久持之，则塞民于兑’，高注：‘兑，耳目鼻口也。老

子曰:‘塞其兑’是也。’”“门”字，奚侗说:“‘门’谓精神之门。塞兑闭门，使民无知无欲，可以不劳而理。”“勤”字，马叙伦说:“勤，借为堇。《说文》曰:‘病也。’”

④河上、王、傅、范及唐宋诸本如此。马王堆本“开”作“启”，甲本“兑”作“闷”，盖“门”字之讹；乙本,“济”省作“齐”,“救”假作“棘”。龙兴碑,“兑”亦作“门”，同马王堆本甲本。奚侗说:“《尔雅·释言》:‘济，益也。’‘救’，当训‘治’。《吕览·劝学》篇:‘是救病而饮之以堇也。’高注,‘救，治也。’开其兑，则民多智慧；益其事，则法令滋彰，天下愈以燸乱，终身不能治也。”

⑤河上、王、傅、范及唐宋诸本悉如此。马王堆本甲乙本大致相同，惟甲本“见”字、“明”字损掩，乙本“柔曰”二字损掩。“守”字，敦煌作“用”。

⑥河上、傅、范及唐宋诸本悉如此。马王堆本甲乙本大致相同，惟甲本“遗”讹作“道”,“殃”省作“央”,“谓”省作“胃”，乙本字多损掩。“是谓袭常”，王本作“是为习常”。马叙伦说:“袭、习古通。《周礼·胥师》注曰:‘故书袭为习。’是其例证。”这里“袭”训“熟习、熟悉”。

译文 天下万物都有一个开端，可以把它作为天下万物的根本。已经掌握了万物的根本——母，就会认识万物的本身——子；已经认识了万物的本身——子，还要坚守万物的根本——母，一辈子就不会有危险。阻塞沟通知识的渠道，关闭传递知识的门户，一辈子就不会受窘困。打开沟通知识的渠道，完成自己的种种事业，一辈子就不可救药。能看到精微的叫作“明”，能保持柔弱的叫作“强”。拨开自身隐蓄的光亮，回复到明察精微的境界，不给自己留下灾难，这就是熟习常道。

五十三章

题解 张松如说:“本章尖锐地揭露了当时社会的一些矛盾现象。”“从老子的‘财货有余,是谓盗竽’,到庄子的‘圣人不死,大盗不止’,它反映了从春秋到战国这一历史时代,随着剥削方式的变化以及与此而来的对剩余劳动之剥削的加强,社会上两大对抗阶级矛盾的深化。”

原文 使我介然有知,行于大道,惟施是畏①。大道甚夷,而民好径②。朝甚除,田甚芜,仓甚虚;服文采,带利剑,厌饮食;财货有余③。是谓盗竽,盗竽非道也哉④!

注释 ①王、傅及诸通行本悉如此。马王堆本甲本作:“使我摞有知也,(行于)大道,唯(施是畏)。”括号中五字皆损掩;乙本作:“使我介有知,行于大道,唯他是畏。”“他”盖“迤”之讹。介然,劳健《古本考》:“《荀子·修身》篇:‘善在身,介然必以自好也。’杨倞注:‘介然,坚固貌。’此亦当如杨解,谓知之确,信之坚,故无惑于便巧虚张,而归就平实,行于大道也。”施,张松如说:“读为迆,迆邪也。言行于大道之中，惟惧其入于邪道也。”

②王弼、傅奕如此。马王堆本乙本作：“大道甚夷，民甚好解。”乙本“大道”二字损掩，末字作“解”。“解”“僻”皆“径”字声假。范作：“大道甚徳，民甚好径。”“而”字，敦煌、龙兴碑作“其”。“民”字景龙、龙兴碑作“人”。“而民”，开元作“民其”，古观楼、唐玄宗、苏辙、吕知常、寇才质诸本，同范应元作“民甚”。朱谦之说：“‘夷’，范本作‘徳’。范曰：‘徳’，古本如此，《说文》云：‘行平易也。’”又说：“‘径’字，严本作‘迳’，景龙、御注、宋刊河上本皆作‘径’。《意林》卷一引经‘而民好径’，注引河上公‘径，邪不平正也’。”奚侗说：“‘人’，指人主，各本皆误作‘民’，与下文谊不相属。盖古籍往往‘人’‘民’互用，以其谊可两通。此‘人’字属‘君’言，自不能借‘民’为之，兹改正。‘径’，邪道也，见《离骚》王逸注。”张松如说：“此章中‘我’字，当为老氏自谓。‘民’或‘人’不必固定指君。如与下文谊相属，谓为指朝中人主左右之人，于义似更恰当。”张说甚是，今从之。

③依诸通行本写定如此。各本用字略有差异。马王堆本甲本，“厌”“剑”及末三字损掩，乙本末二字损掩，两本均夺“饮”字，“财货”，甲本作“货财”，乙本作“赍财”。“采”字，王弼作“綵”，广明作“丝”，开元作“彩”。“财货”，敦煌、龙兴碑等作“资货”，宋徽宗、吕惠卿、邵若愚等作“资财”，

傅、范、苏等作“货财”，王弼作“财货”。除，高亨说：“除，读为涂。《文选·西都赋》李注引《广雅》：‘塗，圬也。’除、涂同声字，古通用。”陆希声说：“观朝阙甚修除，墙宇甚雕峻，则知其君好土木之功，多嬉游之娱矣。观田野甚荒芜，则知君好力役，夺民时矣。观仓廪甚空虚，则知其君好末作。废本业矣。观衣服多文采，则知其君好淫巧，蠹女工矣。观佩带皆利剑，则知其君好武勇，生国患矣。观饮食常餍饫，则知其君好醉饱，忘民事矣。观资货常有余，则知其君好聚敛，困民财矣。”

④依《韩非子·解老》并参照傅奕与敦煌、《释文》写定如此。“竽”字，诸本作“夸”或“跨”。马王堆本甲本损掩，乙本仅存木旁，或是从木于声之字。范与开元、河上、诸王本及道藏龙兴碑诸本作“是谓道夸，非道也哉”。傅与敦煌、《释文》，并重“盗夸”二字。俞樾谓“夸”字无义，应从《韩非子·解老》篇作“盗竽”。高亨谓“夸”“竽”同声系，古通用。毕沅谓古从“于”字皆训“大”。《尔雅·释诂》：“讦、宇，大也。”《说文》：“大叶实根骇人谓之芋”。隶文“竹”“艸”不分，疑韩非“竽”作“芋”。据此，讦、宇、芋、竽声近义通。竽，训大，引申为渠魁、头目。盗竽，即盗魁，犹言强盗头子。

译文 假使我确实有了自己的看法，行走在大道上，唯一害怕的是步入邪路。大道很平坦，可是有些人总爱走险僻的小路。宫殿很整洁，农田很荒芜，仓库很空虚；（王侯们）穿着华丽的衣服，佩带着锋利的宝剑，吃厌了山珍海味，财物富裕。这就叫强盗头子，强盗头子是不合乎道的呀！

五十四章

题解 此章，老子阐述“道”的功能和“德”（“道”的体现）给人们带来的许多好处。王侯们如能把“道”“德”这个原则贯彻到个人及天下，就可以取得修身、治家、治乡、治国、治天下的光辉业绩。这是对统治者的说教。

原文 善建者不拔，善抱者不脱，子孙以祭祀不绝①。修之身，其德乃真；修之家，其德乃余；修之乡，其德乃长；修之邦，其德乃丰；修之天下，其德乃溥②。故以身观身，以家观家，以乡观乡，以邦观邦，以天下观天下③。吾奚以知天下之然哉？以此④。

注释 ①依马王堆本并参照诸王本写定如此。马王堆本甲乙本，前二句各有损掩，据王本补，王本“绝”字作“辍”，据马王堆本改。诸通行本俱作“辍”。《韩非子·喻老》所引作：“子孙以其祭祀，世世不辍。”诸本无“其”字及“世世”二字，河上、傅、范、景龙、敦煌、古观楼与唐宋诸本，并无“以”字。罗振玉说：“敦煌本无‘者’字，景龙本、敦煌本无‘以’字。‘祀’，敦煌本作‘祠’。”

②傅、范如此。马王堆本乙本同，惟“乃余”作“有余”，“邦”作“国”，“丰”作“夆”，“溥”作“博”，甲本大部损掩。“修之”，景龙作“修于”，诸王本作“修之于”。五“乃”字，敦煌及赵至坚《道德真经疏义》俱作“能”，并于第二“能”下有“有”字；“乃”“能”二字，古可互用。王弼及诸通行本，“邦”字作“国”，“溥”字作“普”，“普”为“溥”之通假。《说文》：“溥，沛也。”刘师培说：“《韩非子·解老》篇云：‘治邦者行此节，则乡之有德者益众，故曰修之身，其德乃丰。’则‘国’当作‘邦’。‘邦’‘丰’叶韵。盖改‘邦’为‘国’，亦因汉人避高祖之讳也。下文‘以国观国’，《解老》篇亦作‘邦’，均当依彼文订正。”

③傅、范如此。马王堆本甲乙本俱无“故”字，甲本第一“观”字及末“天下”二字损掩，乙本夺“以乡观乡”句，“邦”作“国”。王弼及诸通行本“邦”亦作“国”。蒋锡昌说：“‘以身观身’，言以修道之身观不修道之身，孰得孰失，孰存孰亡也。下四句文谊，依此类推。”

④傅、范如此。马王堆本甲本损掩，乙本作：“吾何（以）知天下之然兹（哉）？以此。”前“以”字及“此”字损掩，“奚”“何”古通用，“兹”字当是“哉”字音假。诸王本，“奚”亦作“何”，无“之”字。景龙、开元、敦煌、龙兴碑诸本，有“之”字，无“哉”字。蒋锡昌说：“‘吾何以知天下之然

哉？以此。’言吾何以知天下一切得失存亡乎？吾由道以知之也。‘此’，道也。”

译文

善于建树功业的人，不会中途动摇；善于保持功业的人，不会丧失时机。这样的统治者，可以世世代代享受子孙的祭祀，永不断绝。用“道”来修身，他的“德”就会真实；用“道”来治家，他的“德”就会充裕；用“道”来治乡，他的“德”就会长久；用“道”来治国，他的“德”就会昌盛；用“道”来治天下，他的“德”就会博大。所以，用修身的观点来观察一身，用治家的观点来观察一家，用治乡的观点来观察一乡，用治国的观点来观察一国，用治天下的观点来观察天下。我凭什么了解天下的情形呢？就是依据这个方法。

五十五章

题解 任继愈说:“老子宣传‘无为’、蒙昧主义的处世哲学，教人们回到愚昧无知的原始状态。认为只有像无知无欲的婴儿那样，才算最符合‘道’的标准。经常保持柔弱、无知的状态，才可以避免灾祸，否则就不合于‘道’的原则，就要死亡。”

原文 含德之厚者，比于赤子①。蜂虿虺蛇弗螫，攫鸟猛兽弗搏②。骨弱筋柔而握固③。未知牝牡之会而朘怒，精之至也④；终日号而不嘎，和之至也⑤。精和曰常⑥，知常曰明，益生曰祥，心使气曰强⑦。物壮则老，谓之不道，不道早已⑧。

注释 ①马王堆本乙本如此。甲本,“含德”二字及“者”字损掩。王弼及诸通行本无“者”字，傅、范有“者”字，句末并有“也”字，傅“比”下有“之”字。《列子·天瑞》篇张湛注引作:“含德之厚，比于赤子。”赤子,《汉书·贾谊传》刘奉世注:“婴儿体色赤，故曰赤子。”

②据马王堆本并参照王、范诸本写定如此。马王堆本甲本作:“逢（蜂）㾓（䗁）蜋（虺）地（蛇）弗螫，攫鸟猛兽弗搏。”

乙本作:“蠭(蜂)疠(虿)虫(虺)蛇弗赫(螫),据(攫)鸟孟(猛)兽弗捕(搏)。”诸本均分作三句,王本作:“蜂虿虺蛇不螫,猛兽不据,攫鸟不搏。”傅本作:“蜂虿不螫,猛兽不据,攫鸟不搏。”王本“蜂虿虺蛇”四字或傅本“蜂虿”二字,河上、严遵及诸唐宋本均作“毒虫”,独范应元本作“蜂虿虺蛇不螫,猛兽攫鸟不搏”,实近马王堆本甲乙本。“搏”字,《道德真经》及宋徽宗《御解道德真经》作“抟”。虿,蝎一类的毒虫。虺,一种有毒的蛇类。螫,训刺,《字林》:“螫,虫行毒也。”攫鸟,高亨说:“攫鸟,犹云鸷鸟也。”

③马王堆本甲本及河上、王、傅、范诸通行本皆如此。马王堆本乙本作:“骨筋柔弱而握固。”

④马王堆本乙本如此,甲本“牝”下六字、“精”下一字损掩“会”字,诸本作“合”。“朘怒”,诸王本作“全作”,傅、范作“朘作”,景福、敦煌、古观楼、龙兴碑诸本作“峻作”。于思泊说:“全,元部。峻,谆部。元、谆通转。”《释文》:“全,河上作峻,一本作朘。”《说文》云:“赤子阴也。”《老子注释》:“牝,这里泛指雌性。牡,雄性;朘,男孩的生殖器。”景龙、开元、敦煌俱省“也”字。

⑤王弼及诸唐本如此。马王堆本甲本,“嚘”作“发”,当为“憂”之省,读为“嚘”;乙本仅存右部“口”旁,参照甲本写定作“嚘”。《玉篇·口部》:“嚘,于求切,气逆也。”严

遵本正作:“终日嗥而不嚘。”傅奕本亦作:“终日号而嗌不敷。”“嚘”“敷”当是同字异构。“不嚘”,宋刊河上本作“不哑”,道藏河上本作“嗌而不嗄”。《玉篇·口部》:“哑,于雅切,不言也。”“嗄,所讶切,声破也。”“不言”与“声破”,义正相近。景龙、开元、敦煌俱省“也”字。

⑥据高亨《正诂》写定如此。诸本俱作“知和曰常”。马王堆本甲本作“和曰常”,乙本损掩,只剩一“常”字。高亨说:“知和曰常,义不可通,疑‘知’当作‘精’。盖‘精’字转写捝去,读者依下文增‘知’字耳。前文云:‘精之至也。’又云:‘和之至也。’故此总之曰‘精和曰常’。常乃自然之义,此言‘精’与‘和’。乃性之自然也。”张松如说:“号而不嗄,和之至,近似合二为一;未会而怒,精之至,近似一分为二。总之,精和者一中有二,一处一中,此之谓‘常’也。”

⑦王、范如此。马王堆本甲乙本大致相同。马王堆本乙本,第二“曰”字损掩。傅本“曰强”作“则强”。龙兴碑本,无“知常曰明”句,“祥”作“详”。李道纯作“盖生不祥”。张松如说:“‘祥’字、‘不’字皆误。”劳健说:“古称祆祥、灾祥,凡诸变异,本统谓之不祥,非如今义专以吉善为祥也。”奚侗说:“‘祥’,当训眚。《易》‘复有灾眚’,子夏《传》‘祆祥曰眚’。是祥有眚谊。灾眚连语,眚亦灾也。《庄子·德充符》篇:‘常因自然而不益生。’盖以生不可益,益之则反乎自然而

灾害至矣。”李奇说：“内妖曰眚，外妖曰祥。”《玉篇》：“祥，妖怪也。”《左传·昭公十八年》：“将有不祥。”祥，指灾祸，义如今“殃”字。马叙伦说：“‘氣’，当作‘气’‘彊’，借为‘僵’。《庄子·则阳》篇‘推而彊之’，《玉篇》引作‘僵’，是其例证。……老庄‘氣’字有视‘心’字义为胜者，如《庄子·人间世》篇：‘无听之以耳，而听之以心，无听之以心，而听之以氣。氣也者，虚而待物者也。’《应帝王》曰：‘汝游心于淡，合气于漠。’本书‘专氣致柔’‘冲氣以为和’，皆是也。此‘氣’字义亦然，故曰‘心使氣曰僵’。”又“‘曰’‘则’通用。”这里“心使气曰僵”，即“心使气则僵”。

⑧王、傅如此。马王堆本乙本同，“壮”字损掩，甲本“物壮”二字及末三字损掩，“则”字作“即”。范及古观楼、《道德真经》诸本“谓”“之”作“是谓”。敦煌、龙兴碑二“不”字并作“非”。寇才质本“已”作“死”。高亨说：“此三句已见三十章。”

译文 含德浑厚的人，好比无知无欲的婴儿。蜂蝎毒蛇不来伤他，凶鸟猛兽不来抓他。骨头嫩弱，筋脉柔软，而拳头却攥得紧紧的。还不懂得男女的交合，而小生殖器却常常勃起，是由于他的精气非常旺盛的缘故。整天哭号而嗓子不哑，是由于他的元气非常淳厚的缘故。精气旺盛与元气淳厚，乃是自然的常道，掌握了常道，就是明智。一味贪图生活享受，就是灾祸。意志受感情驱使，就变得麻木无知。万物壮大就要走向衰老，这就叫作不合乎“道”，不合乎“道”必然早死。

五十六章

题解 本章，老子继续宣扬蒙昧主义思想。这里所讲的“玄同”，也就是“抱一”“得一”，即一切事物处于一种没有差别的“同一”状态中。因此，凡能领悟“玄同”的人，最为天下人所重视。

原文 知者弗言，言者弗知①。塞其兑，闭其门；挫其锐，解其纷；和其光，同其尘②；是谓玄同③。故不可得而亲，亦不可得而疏；不可得而利，亦不可得而害；不可得而贵，亦不可得而贱④，故为天下贵⑤。

注释 ①马王堆本甲乙本皆如此，甲本“知者”二字损掩。他本两“弗”字均作“不”。傅、范于二句下各有“也”字。马叙伦说：“《辅行记》三之一引，‘者’字作‘则’，无二‘也’字；五之一引，但无‘也’字。《理惑论》及《文选·魏都赋》注、《运命论》注引，并无二‘也’字。《庄子·知北游》篇曰：‘夫知者不言，言者不知。’盖即此文，亦无二‘也’字。《淮南子·道应训》：‘故知者不言，言者不知也。’即此文，无上‘也’字。”

②傅、范如此。诸本大致相同。“纷”字，王弼作“分”，景龙、景福、龙兴碑作“忿”。马王堆本甲本，“兑”字作“闷”，“挫”“解”二句在“和”“同”二句后；“门”“和”二字损掩，乙本“兑”字作“垅”，“挫”“解”二句，亦在“和”“同”二句后，且两句并为一句，作“挫其锐而解其纷”。张松如说：“‘而’通作‘以’。此证‘和’‘同’二句，以‘塞’‘闭’二句，均应各作一句。前两句已见前五十二章，后四句已见前四章。”

③马王堆本甲乙本悉如此，诸本并同。高亨说：“如是天下已致玄妙齐同之境，故曰是谓玄同。”蒋锡昌说：“‘玄’即道，亦即无名。‘玄同’即无名之同，犹云同于道也。此言能塞兑闭门，挫锐解纷，和光同尘，是谓同于道也。”

④马王堆本甲本如此，乙本“故不可得而亲”句末衍“也”字。宋刊河上本同马王堆本甲本。傅、范无“故”字，诸唐本皆有“故”字。景福、龙兴碑无六“而”字。王弼及开元无三“亦”字。

⑤马王堆本甲乙本及诸通行本皆如此。张松如说：“前云‘不可得而贵’，隔句又云‘故为天下贵’。‘贵’字疑有误。”高亨说：“‘天下贵’当作‘天下贞’，贞、贵形近，且涉上文而讹。三十九章曰：‘侯王无以为贞。’王本‘贞’误作‘贵’，即其例证。三十九章曰：‘王侯得一以为天下贞。’此句正与彼

同。'贞'借为'正'。'正'，长也，君也。又六十二章曰：'故为天下贵。''贵'亦'贞'字之讹。"其言可备一说，录以备考。

译文 有智慧的人不会夸夸其谈，夸夸其谈的人没有智慧。堵塞沟通知识的穴窍，关闭传递知识的门窗；挫掉自己的锋芒，解脱自己的纷扰，蕴藏自己的光彩，混同自己于尘垢之中；这就叫作高深微妙的玄同。所以（对于领悟了"玄同"的人）既不可能跟他亲近，也不可能跟他疏远，既不可能使他获利，也不可能使他受害；既不可能使他尊贵，也不可能使他卑贱，因此，他就为天下人所重视。

五十七章

题解 本章，老子宣扬他的“无为”而治的政治主张。他把“天道自然”的思想，推之于人道，认为人类社会应同自然界一样，无为自化，生生不已，因而否定人类社会的特殊性，否定人类的社会实践对促进人类社会发展的重大意义。提出要“无为”“好静”“无事”“无欲”，以避免“民弥贫”“邦家滋昏”这些事情的发生。这种“无为”而治的政治思想，是消极倒退的，是阻挠社会发展的。

原文 以正治国，以奇用兵，以无事取天下①。吾何以知其然哉？以此②：夫天下多忌讳，而民弥贫；民多利器，国家滋昏③；民多智慧，而邪事滋起；法令滋章，而盗贼多有④。是以圣人之言曰⑤：“我无为，而民自化；我好静，而民自正；我无事，而民自富；我无欲，而民自朴⑥。”

注释 ①王、范如此。马王堆本大致相同，惟“治”作“之”，“奇”作“畸”；甲本“国”字作“邦”，乙本作“国”。傅及开元，“正”作“政”。达真子《老子》，“无事”作“无为”。朱谦之说："'正''政'古二字通用，唯此与'奇'对，当作'正'。四十五章'清静为天下正'，与此章'我好静而民自正'，皆当用本字。"刘师培说："奇与正对文，则奇义同邪。《管子·白心》篇'奇身名废'，注云：'奇，邪不正也。'是奇即不正。以奇用兵，即不依正术用兵也。"张松如说："正与奇对文。正者，谓清静之道也，奇者，谓权诈之术也。此言以清静之道治国，以权诈之术用兵，以无所事事取天下也。"

②河、王如此。马王堆本乙本作"吾何以知其然也才（哉）"，无"以此"二字；甲本大致相同，惟"何以知其然"五字损掩。道藏御注作："吾何以知天下其然哉？以此。"御疏又以"其"字作"之"字。开元与诸唐本作："吾何以知其然，以此。"傅、范作："吾奚以知天下其然哉？以此。"下有"夫"字，当属下句。劳健读作"以此夫"，非是。马王堆本甲乙本俱省"以此"二字，下句从"夫"字起，可证劳读之误。

③据马王堆本并参照傅、范写定如此。马王堆本甲本"多忌"二字损掩，"滋"省作"兹"；乙本"而邦家滋"四字损掩，傅"弥"作"跞"，"邦家"作"国家"，无下"而"字。王本无"夫"字，末句同傅作"国家滋昏"。诸本"邦"字均作"国"。

④参照傅、范写定如此。范"慧"作"惠"，傅下无"而"字，王弼前二句作"人多伎巧，奇物滋起"，后二句同傅，惟"章"作"彰"。马王堆本甲乙本俱多损掩，难于句读；乙本残留

“物兹章，而盗贼”六字，可证“法令”当作“法物”。河上及景龙、景福、敦煌、《治要》诸本，“法令”皆作“法物”，同马王堆本乙本。

⑤马王堆本乙本如此，惟“圣”字损掩，据他本补；甲本全句损掩。严遵无“是以”二字，作“圣人之言云”。河上、王、傅、范及诸通行本，皆作“故圣人云”。

⑥河、王、傅、范诸本皆如此。惟傅“静”作“靖”。马王堆本乙本大致相同，惟“无欲”作“欲不欲”。甲本后二句损掩，前二句作“我无为也而民自化，我好静而民自正”。开元、古观楼、龙兴碑及《道德真经》诸本，“无事”句在“好静”句上。敦煌唐写本残卷及道藏河上本，多“我无情而民自清”一句，义无可取，他本皆无。

译文

用正大光明的方法治国，用出奇制胜的战术作战，用以静制动的手段夺取天下。我从哪里知道这种情形呢？就从这里。天下的禁令忌讳越多，人民就越贫穷；民间锐利武器越多，国家就越昏乱；人民的智慧越多，邪风怪事就越闹得凶；法令规章制订得越详明，盗贼反而越多。因此圣人说：“我无为，人民自然顺化；我好静，人民自然规矩；我无事，人民自然富足；我无欲，人民自然淳朴。”

五十八章

题解 本章，老子认为福与祸、正与奇、善与祆，能够互相转化。这是朴素的辩证法思想。可是，最后四句提出，人们处理一切事物，要适可而止，过分、过甚，是违反辩证法思想的。

原文 其政闷闷，其民淳淳；其政察察，其民缺缺[①]。祸兮，福之所倚；福兮，祸之所伏[②]。孰知其极？其无正邪[③]。正复为奇，善复为祆[④]。人之迷也，其日固已久矣[⑤]。是以圣人方而不割，廉而不刿，直而不肆，光而不耀[⑥]。

注释 ①河上、王弼如此。傅、范作："其政闵闵，其民偆偆，其政詧詧，其民缺缺。"马王堆本甲本，前二句损掩，后二句作"其政察察，其邦夬夬"；乙本后三字损掩，前二句作"其正阔阔，其民屯屯"，余同甲本。景龙、龙兴碑，两"民"字俱作"人"。张松如说："'闷闷'，帛书作'阔阔'，傅、范作'闵闵'，《淮南子》引作'惛惛'；'谆谆'，帛书作'屯屯'，景龙、景福、敦煌及《释文》《备要》诸本作'醇醇'，傅、范作'偆倖’,《淮南》引作‘纯纯’，龙兴碑作‘蠢蠢’;‘察察’，傅、范作‘詧詧’‘缺缺’，诸唐本多作‘鈌鈌’。凡此皆同声假借，或古字相通。‘民’字一作‘人’，当系唐人避讳而改；惟据帛书甲本。此‘民’字，古当为‘邦’字，其作‘民’字，或已为汉人避讳而改者矣。‘察察’，严刻急疾貌;‘缺缺’，机诈满面貌。高亨曰:“缺，疑借为獪。《说文》:‘獪，狡獪也。’獪獪，诈也。朱芾煌《老子述异》以此四句属上五十七章，亦可备一说。”

②河上、王、傅诸本如此。《韩非子·解老》所引亦同。马王堆本甲本，无两“兮”字，乙本夺前句，后句亦无“兮”字，“祸”字损掩。景龙、龙兴碑亦无两“兮”字，同马王堆本。景福、古观楼、《道德真经》及唐玄宗、范应元等唐宋诸本，并无二“之”字。

③范与开元、古观楼、《道德真经》诸本如此。张松如说:“‘邪’字，傅作‘衺’，马叙伦从之，作为正邪之邪，以实代虚，非是。今诸王本及他本多无‘邪’字。帛书甲本损掩，乙本作:‘孰知其极,(其)无正也?’也、邪古通用。此为疑词，无实义。‘无正’，犹无定。正、定义互通。‘正’字，龙兴碑及李荣《道德真经义解》作‘政’，亦误。”

④傅、范如此。“祅”字，河上作“訞”，王弼作“妖”，古通用。马王堆本甲本全部损掩，乙本亦残损不可句读。景龙及

龙兴碑“正”字作“政”。

⑤参照韩非所引，上句从傅，下句从范写定如此。傅下句无“已”字，范上句“人”作“民”，无“也”字。诸王本作“人之逮。其日固久”。诸唐本亦皆无“也”“已”“矣”三字。马王堆本甲本损掩，乙本作“(人)之悉也，其日固久矣”。《韩非子·解老》所引作:“人之迷也，其日故以久矣”。松皋圆说:“故以、固已通。”

⑥王、傅、范如此。《韩非子·解老》所引，无“是以圣人”四字，余悉同。马王堆本甲本损掩，乙本有“是以”二字，省“圣人”二字，“刿”作“刺”，“肆”作“绁”，“耀”作“眺”。盖皆同义或声假字，“刿”字，河上作“害”，御注作“秽”。“刿”与“害”义近，“刿”与“秽”声近实误。张松如说:“‘廉而不刿’，此古语也。亦见于《荀子·不苟》篇，杨倞注:‘廉，棱也。’《说文》云:‘刿，利伤也。’但有廉隅，不至于伤伤也。”“耀”字，河上作“曜”，《释文》作“燿”，韩非所引作“耀”，并通用。

译文

政治宽厚，人民就淳朴；政治苛细，人民就狡诈。灾祸呵，是幸福的亲近伴侣；幸福呵，是灾祸的藏身之所。谁知道它的终极原因？恐怕没有正常的准绳。正常可以变为反常，善良可以化为妖孽。人民的迷惑不解，由来已久了。因此“圣人”方正而不显得倔犟，有棱角而不至于伤害别人的尊严，正直而不至于肆无忌惮，明亮而不耀人刺眼。

五十九章

题解 张松如说："老子认为大而维持国家的统治，小而维持生命的长久，都离不开'啬'这条原则，都要从'啬'这条原则做起。"

原文 治人事天，莫若啬①。夫唯啬，是以早服②。早服是谓重积德③。重积德，则无不克；无不克，则莫知其极④；莫知其极，可以有国⑤；有国之母，可以长久⑥。深其根，固其柢，长生久视之道也⑦。

注释 ①马王堆本乙本如此，甲本损掩。王、傅、景龙诸本同。《韩非子·解老》所引及严遵、《释文》诸本，"若"作"如"。龙兴碑、赵至坚，"啬"作"式"。"式"盖"啬"之借字。《韩非子·解老》："书之所谓治人者，适动静之节，省思虑之费也。所谓事天者，不极聪明之力，不尽知识之任。苟极尽则费神多，费神多则盲聋悖狂之祸至，是以啬之。啬之者，爱其精神，啬其智识也。故曰：'治人事天莫如啬。'"《说文》："啬，爱濇也。从来亩声。来者亩而藏之，故田夫谓之啬夫。"高亨说："啬，从来从亩。来，麦也。即收麦而藏于中之象也，是啬夫收藏之义，衍而为爱而不用之义。此啬字谓收藏其神形而不用，以归于无为也。”任继愈说：“啬，吝啬，应当用的财物舍不得用。‘啬’是老子思想中的重要概念，它有爱惜精神、积蓄力量的意义，与六十七章‘俭’的意义相近。”

②马王堆本乙本如此，甲本损掩。《韩非子·解老》所引及河上、傅、范、敦煌同。他唐本及王弼“是以”作“是谓”。范应元说：“王弼、孙登及世本作‘早复’。”宋徽宗、陆希声、邓锜、邵若愚、司马光、林希逸、董思靖诸宋本及《释文》，亦作“服”。或亦作“伏”，盖为同音假借。蒋锡昌《校诂》：“《尔雅·释言》：‘复，返也。’四十章：‘返者道之动。’‘早复’，谓早返于道也。王注：‘早复常也。’常，即常道，亦谓早返常道也。”劳健《古本考》：“早服，犹言早从事。此句重在‘早’字，‘服’字但取叶韵。啬敛聚积，不早从事则无功，早服谓之重积德。德者，得也，犹孟子所谓集义所生者也，不早服，则义袭而取之者矣。孟子养气之说，皆与此章大旨相似。韩非亦解‘服’字为‘服从道理’，作‘服’是也。”张松如说：“河上章句云：‘早，先也；服，得也。’早服云者，犹今言预见之谓。劳义较蒋说为长。”

③马王堆本乙本及韩非所引如此，惟乙本“德”字损掩，甲本全部损掩。河上本同。王、傅、范及诸唐本，“是谓”作“谓之”。“服”字，诸本亦作“复”或“伏”，如上句。张松如说：

“《说文》:‘重，厚也。’三十八章王注:‘德，得也。’此谓‘早服’云者，乃不断地积累啬之功德也。”

④河、王、傅、范及诸唐本如此,“克”字或作“剋”作“尅”，古通。《韩非子·解老》所引同。严遵本无“无不克则”四字，龙兴碑及赵志坚只省下“则”字。马王堆本甲本损掩，乙本只残留“莫知其”三字，前后俱损掩。

⑤王、傅与诸唐本如此。马王堆本甲本上句损掩，乙本“极”字及“可以”二字损掩。严遵“有”作“为”。范应元及韩非所引,“可”上有“则”字。劳健《古本考》:“下文‘可以长久’，众本皆无‘则’字，韩、范此句‘则’字疑衍、既曰‘可以’，不烦更言‘则’也。”高亨《正诂》:“此句误脱‘之母’二字，当作‘莫知其极，可以有国之母’。”张松如《校读》:“这是四字句例推演而云然。而帛书甲本正作‘可以有国’，乙本亦只残留‘有国’二字，且韩非以‘有国’与‘有身’,‘有其国’与‘保其身’相提并论，于此，疑无‘之母’二字为是。高说非也。”

⑥马王堆本甲乙本及《韩非子·解老》所引皆如此，诸本并同。惟马王堆本乙本,“以”字、“长”字损掩，龙兴碑“长久”作“久长”。韩非说:“所谓‘有国之母’，母者，道也。道也者，生于所以有国之术，所以有国之术，故谓之‘有国之母’。”

⑦《韩非子·解老》所引如此。马王堆本乙本作:“是胃(谓)深根固氐(柢)长生久视之道也。”甲本同,“根”假作“槿”。诸本同马王堆本,而无“也”字。又河上本与诸唐本,“柢”作“蔕”,他本或作“蒂”。张松如《校读》:“此句上承‘可以长久’而言,属解释性质,韩文义长。”

译文 治理人民和侍奉上天,没有比积蓄力量更重要的了。要积蓄力量,就应该早做准备。早做准备,就叫作不断地积聚“德”。不断地积聚“德”,就能够攻无不克。攻无不克,就具有无法估计的力量。具有不可估计的力量,就可以统治国家。有了统治国家的根本,就可以长久地维持统治。根扎得深,柢长得牢,正符合延长生命的原则。

六十章

题解 本章，老子提出“治大国，若烹小鲜”这一观点，是说统治阶级不要以烦苛之政扰民，而要“清静无为”，也就是“以道莅天下”。若能如此，不但鬼不灵验，神也不伤害人，“圣人”也不伤害人。两者互不相伤，所以他们的“德”就互相结合在一起。

原文 治大国，若烹小鲜①。以道莅天下，其鬼不神②。非其鬼不神，其神不伤人。非其神不伤人，圣人亦不伤人③。夫两不相伤，故德交归焉④。

注释 ①马王堆本乙本如此，“烹”字省作“亨”，甲本损掩。《韩非子·解老》所引以及严本、范本，“大国”下有“者”字。“烹”字，六朝写本周氏残片，开元石刻作“享”，范与景龙、敦煌唐写本，同马王堆本乙本作“亨”。蒋锡昌《校诂》：“‘烹’‘亨’‘享’三字，皆即《说文》之‘亯’字。凡任物以食人，皆曰‘亯’，读普庚切。”“鲜”字，敦煌唐写本、道藏龙兴碑本作“腥”，范应元本作“鳞”。范注云：“鳞，总括鱼类之属也。傅奕、孙登同古本。”张松如《校读》：“今傅本与韩非、《淮南子》所引，皆如他本作‘鲜’。范氏注义不足据，‘鳞’字并似形误。”《韩非子·解老》:“烹小鲜而数挠之，则贼其泽；治大国而数变法，则民苦之。是以有道之君贵静，不重变法。”蒋锡昌《校诂》:“夫烹小鲜者不可挠，挠之则鱼碎；治大国者当无为，为之则民伤。故云:‘治大国若烹小鲜’也。”

②河上、王弼、景龙、开元诸本及《韩非子·解老》所引皆如此。马王堆本甲乙本大致相同，甲本前三字损掩，乙本“莅”省作“立”。傅及景福、敦煌、《治要》诸本，“下”后有“者”字。《释文》:“‘莅’，古无此字，《说文》作‘埭’。”(《说文》:“埭，临也。”)高亨《正诂》:“此‘神’字借为‘魋’，《说文》:“魋，神也。从鬼，申声。’盖鬼灵曰魋，故字从鬼，与神义别。其鬼不魋，犹言其鬼不灵耳。”

③王弼、傅奕如此。马王堆本甲乙本作:“非其鬼不神也，其神不伤人也。非其神不伤人也，圣人亦弗伤也”。惟甲本第三“神”字省作“申”，末“也”字损掩；乙本“圣人亦”三字损掩。《韩非子·解老》所引，前二句同马王堆本，缺第三句，末句作“圣人亦不伤民”。范、吕及开元、古观楼、《道德真经》诸本，三“伤人”俱作“伤民”。河上本无前二句，下二句作“非其神不伤民，圣人亦不伤”。吴澄、明太祖、焦竑、周如砥诸本，末句作“圣人亦不伤之”。高亨《正诂》:“‘其

神不伤人'之神，宜读为神祇之神。非，者，盖'不惟'二字之合声，若合'之于'或'之乎'而为'诸'合,'之焉'而为'旃'，合'而已'而为'耳'，合'不律'而为'笔'，合'终葵'而为'椎'，合'扶摇'而为'飙'也。今绎此文曰：'以道莅天下，其鬼不魑，不惟其鬼不魑，其神不伤人：不惟其神不伤人，圣人亦不伤人。'始怡然理顺矣。"

④王弼、傅奕与开元诸本皆如此。马王堆本甲乙本大致相同，惟乙本"不"字损掩；甲本"夫两"二字及"伤故"二字损掩。范与韩非所引，无"夫"字,"故"字作"则"。景龙、敦煌唐写本，有"夫"字，下句作"故得交归","德"作"得"，省"焉"字。蒋锡昌《校诂》云："言天下有道，神与圣人两不相伤，故得交归于民也。"

译文 治理大国，好像煎小鱼那样（不要常常去搅动它）。用"道"这个原则来统治天下，鬼魅就不灵验。不但鬼魅不灵验，而且神也不伤害人。不但神不伤害人，而且圣人也不伤害人。这样，由于两者（神与圣人）都不伤害人，所以德归之于民。

六十一章

题解 本章讲的是国与国之间应该互相谦下，特别是大国之于小国，更宜为下。吴澂说：“大国下小国者，欲兼畜小国而已；小国下大国者，欲入事大国而已。两者皆能下，则大小各得其所欲。然小者素在人下，不患乎不能下；大者非在人下，或恐其不能下。故曰：‘大者宜为下’。”

原文 大邦者下流也，天下之牝，天下之交也。牝恒以静胜牡，为其静也，故宜为下①。大邦以下小邦，则取小邦；小邦以下大邦，则取于大邦②。故或下以取，或下而取③。故大邦者，不过欲兼畜人；小邦者，不过欲入事人④。夫皆得其欲，则大者宜为下⑤。

注释 ①依马王堆本甲本，参照乙本，写定如此。甲本“交”字作“郊”，“静”作“靓”，依乙本改；“故”字及“故”前“也”字损掩，依乙本补。乙本“邦”作“国”，“国”下七字损掩，“天下之牝”“故宜为下”两句下，各有“也”字。此段，傅奕作：“大国者，天下之下流，天下之交，天下之牝。牝常以靖胜牡。以其靖，故为下也。”王弼作：“大国者，下流，天下之交，天下之牝。牝常以静胜牡，以静为下。”劳健参照傅、范及诸唐本写作：“大国下流，天下之交，天下之牝。牝常以静胜牡，以其静为下。”范应元本“交”上有“所”字，“牝”作“牲”。敦煌唐写本与道藏龙兴碑本，“交”作“郊”，同马王堆本甲本。诸本文字，多参差不同，而其共同点，则是以“天下之交”四字，放在“天下之牝”句前，并以“牝”字断句，王弼注云：“‘天下之交’，天下之所归会者也。‘天下之牝’，静而不求，物自归之也。”蒋锡昌《校诂》：“此文诸本纷异，以谊求之，当仍以王本为长也。”又说：“六十六章‘江海所以能为百谷王者，以其善下之’，是‘下流’乃指江海而言。‘大国者，下流，天下之交，天下之牝，牝常以静胜牡，以静为下’，当为一句。言大国者，其所处态度，应如江海，而为天下众水所交会，又应如天下之牝，牝常以静胜牡，而以静为下也。此句文法组织，颇为复杂，故读者每不易得其主意所在也。”张松如《校读》：“‘天下之牝’‘天下多交’，都是由‘下流’一语所生发，其谊并同，不必分作两义也。”张说甚是，今从之。

②依马王堆本甲本，参照乙本写定如此。甲本首句“以”字及下“邦”字损掩；乙本前有“故”字，“邦”字作“国”。诸本皆有“故”字。傅奕两句皆作“取于”，王弼两句皆作“取”，无“于”字。景龙同王本。陶绍学说：“详文义，似上句应

无‘于’字，下句应有‘于’字。下句‘取于’二字，河上公一本作‘聚’，开元本、敦煌唐写本、周氏残片与道藏龙兴碑本、赵至坚本，皆作‘聚’。”蒋锡昌《校诂》:“本章四‘取’，皆为‘聚’字之借。惟此文上‘取’与下‘取’，用法不同，上‘取’主事之词，聚也；下‘取’受事之词，聚于也。此言大国以下小国，则聚小国；小国以下大国，则见聚于大国也。”

③马王堆本甲乙本皆如此，惟乙本“下”字下损掩三字。诸本并同，傅奕无“故”字，王弼有“故”字。河上本亦作“或下以聚”。“以聚”，御注本作“而聚”。“以”“而”古通。

④马王堆本甲本如此，惟“故”字损掩，依乙本补。乙本两“邦”字均作“国”，“兼”字作“并”，下“过”字损掩。王弼、傅奕诸今本，无“故”字，并无两“者”字，两“邦”字均作“国”。敦煌乙本句上有“夫”字，他本皆无。

⑤参照马王堆本甲乙本写定如此。甲本上句作“夫皆得其欲”，下句只残留“为下”二字。乙本“皆得”二字损掩，依甲本补。景福与六朝写本作“各得其所欲，大者宜为下”，王弼本同此，句首多“夫两者”三字，景龙则作“此两者”。傅奕与开元、敦煌作:“两者各得其所欲，故大者宜为下。”范本同傅，惟“大者”作“本国者”。

译文 大国好比江河的尾泄，好比天下物类的雌性，它是天下众水的汇流处。雌性常常以沉静战胜雄性，因为她很沉静，所以情愿屈居下位。大国对小国谦下，就能取得小国的信任；小国对大国谦下，就能被大国信任。所以有的以谦下取得信任，有的以谦下而被信任。所以，做大国的，不过要求领导小国；做小国的，不过要求侍奉大国。这两方面都满足了自己的愿望，归结起来，做大国的尤须特别注意谦下。

六十二章

题解 本章，老子认为“道”是万物的归宿，既是善人的宝贝，也是不善人的护身符。善人化于“道”，则求善得善；不善人化于“道”，则改过迁善。所以“道”为天下人所尊贵。

原文 道者，万物之注也，善人之葆也，不善人之所葆也①。美言可以市尊，美行可以加人②。人之不善，何弃之有③？故立天子，置三公，虽有拱璧，以先驷马，不如坐进此道④。古之所以贵此道者，何也⑤？不曰求以得，有罪以免邪？故为天下贵⑥。

注释 ①马王堆本甲乙本如此。甲本“道”字损掩，乙本下“葆”字作“保”。傅、范作：“道者，万物之奥也，善人之所宝，不善人之所葆。”王本无“也”字及前“所”字。景龙、敦煌，同诸王本。惟“所”下有“不”字。“注”，通行本作“奥”。《礼记·礼运》：“人情以为田，故人以为奥也。”注：“奥，犹主也，田无主则荒。”注，流入、流向，引申为聚。《周礼·天官·兽人》：“及声田，令禽注于虞中。”训“注”为“聚”。这里“注”训“归宿”。道者，万物之注，犹言道为万物之归宿。“葆”与“保”通。葆、保、宝三字声近义通。《管子·正世》:“窘则民失其所葆。”释“葆”为“宝”。武内义雄说:“教、景、遂三本作‘所不保’,‘不’字恐衍。”其说甚是。

②《淮南子·道应训》《淮南子·人间训》两引之,皆如此。劳健《古本考》从之。马王堆本甲乙本作:“美言可以市尊,行可以贺(加)人。”诸王本及景龙本同马王堆本。傅本则作:“美言可以于市,尊言可以加于人。”范如傅,惟“尊言”作“尊行”。张松如说:“今众本皆去‘美行’之‘美’字,盖帛书已然。后世注家遂误以‘市’字绝句,截‘尊’字属下句,为‘尊行’以对‘美言’。王弼注:‘故曰美言可以市也,尊行之,则千里之外应之,故曰可以加于人也。’是王时已牵强作解。”范注且云:“‘于市’上,疑脱一字。”“傅本同范,而‘尊行’又作‘尊言’。”是皆属展转传讹,俞樾、奚侗均已有所揭示,劳健曰:“二句以‘尊’‘人’为韵。必当如《淮南子》无疑。甚是。”金其源《读书管见》:“‘市’者,《史记·项羽本纪》:‘以市于齐。’《索隐》:‘市,犹要也。’《礼记·檀弓》:‘献子加于人一等矣。’注,‘加,犹逾也。’谓言之美者,可以要求夫人之尊重;行之美者,可以逾越于人之凡庸也。”此解颇得老旨。

③河上、王、傅、范诸通行本悉如此。马王堆本甲乙本大致相同,惟甲本中间四字损掩,乙本末三字损掩。敦煌、龙兴

碑及顾欢、赵至坚本，“何”作“奚”。蒋锡昌《校诂》：“顾本成疏：‘奚，何也。’是成作‘奚’。”张松如《校读》：“此言不善人化于道，亦改过任善。正如二十七章所说：‘圣人恒善救人，而无弃人。’故不善人为道之所保也。”

④河上、王弼、景龙如此。马王堆本甲本作：“故立天子，置三卿。虽有共之璧，以先四马，不善（若）坐而进此。”乙本“故”字及“共之”二字损掩。傅奕无“坐”字，句末有“也”字。范本“拱”作“珙”。易顺鼎说：“《左传·襄公三十一年》：‘叔仲带窃其拱璧。’杜注：‘拱璧，公大璧。’《玉篇》：‘珙，大璧也。’‘拱璧’，即‘珙璧’。王注谓为‘拱抱宝璧’，非是。”武内义雄说：“‘拱璧’，敦煌本作‘供之璧’，‘之’字恐衍。又‘驷马’，作‘四马’。”

⑤傅奕如此。王、范及景龙、开元、诸唐本无“也”字。六朝写本并无“何也”二字。马王堆本甲本作：“古之所以贵此道者，何也?”乙本只残存一“古”字，余尽损掩。

⑥傅、范如此。马王堆本甲乙本，“曰”字作“胃”（谓），“邪”字作“与”。六朝写本，“得”下有“之”字，劳健从之。严遵作“不求而自得”，王弼、景福“求以得”作“以求得”。景龙、敦煌、龙兴碑及严遵本省去“邪”字，他本皆有之。

译文 “道”这东西，是万物的归宿，既是善人的宝贝，也是不善之人的护身符。漂亮的言词，可以骗取别人的崇拜；漂亮的举动，可以炫耀别人的耳目。人家如果做了坏事，（应该用“道”去感化他，）有什么必要把他抛弃？所以天子登位之时，大臣就职之时，虽有拱璧在先、驷马随后（这样隆重）的仪式，还不如（不用仪式）单把“道”来进献。自古以来，人们之所以对“道”这样重视，原因是什么呢？难道不是说实行道以后求善得善、有罪可免吗？所以“道”为天下人所尊贵。

六十三章

题解 本章，老子认为：克服困难，要从容易处着手，做大事要从小事做起。文中提到："圣人终不为，故能成其大。"又称："是以圣人犹难之，故终无难矣。"都暗合于"对立统一"及"由量变到质变"的法则。这些说法都是可取的。

原文 为无为，事无事，味无味①。大小多少，报怨以德②。图难乎，其易也；为大乎，其细也。天下之难，作于易；天下之大，作于细③。是以圣人终不为大，故能成其大④。夫轻诺，必寡信；多易，必多难⑤。是以圣人犹难之，故终无难矣⑥。

注释 ①马王堆本甲本如此，乙本两句共六字损掩。诸本尽同。味无味，《文子·道原》篇及《后汉书·荀爽传》李注，并引作"知不知"。高亨《正诂》是之，谓"知"古文或有作"唉"者，唉、味形近，故讹作"味"耳。今据马王堆本甲本写定如上。
②马王堆本甲本如此，乙本损掩。诸通行本尽同。姚鼐说："大小多少句下有脱字，不可强解。"高亨《正诂》："'大小'者，大其小也，小而以为大也。'多少者，多其少也'，少而

以为多也。”张松如《校读》:“推而言之，则‘报怨以德’者，德其怨也，怨而以为德也。凡此皆取其相反相成之义，亦正合‘为无为，事无事，味无味’之旨也。”

③参照马王堆本甲乙本互相校补，写定如此。甲本“图难乎”后九字损掩，依乙本补。《韩非子·喻老》所引“图难”“为大”两句在后。其文曰:“有形之类，大必起于小；行久之物，族必起于少。故曰:‘天下之难事必作于易，天下之大事必作于细。’是以欲制物者于真细也。故曰:‘图难于其易也，为大于其细也。’”他本前后皆如马王堆本。前二句，河上、王弼、开元,“乎”作“于”，无二“也”字。后二句，傅、范及六朝写本皆如韩非所引，诸唐本无二“之”字，王本亦无二“之”字，二“作”字上有二“必”字。

④王、傅诸本皆如此。马王堆本甲本,“终”省作“冬”,“成其大”三字损掩，乙本全部损掩。河上“圣人”作“大人”。敦煌无“故”字。龙兴碑无此二句。韩非所引亦无此二句。

⑤河上、王弼及诸唐本皆如此。马王堆本乙本,“诺”省作“若”,“必寡”二字损掩；甲本只残存“必多难”三字，余尽损掩。傅、范二“必”字上有二“者”字，无“夫”字。

⑥王、傅如此。马王堆本甲本作“是以圣人犹难之，故终于无难”,“以圣”二字损掩,“犹”字作“猷”,“终”省作“冬”,乙本大致相同。“犹难”及“故”后四字损掩。严遵无“是以”

二字。河上公、范应元及诸唐本、宋本，俱无“矣”字。

译文

无为即是为，无事即是事，无味即是味。人家对我的恩德，小则视为大，少则视为多，即使是怨恨，我也要用“德”去报答。要克服困难么，先从易处着手、要干大事么，先从小处开端。天下的难事，都是从易处做起的；天下的大事，都是从小处开始的。因此，圣人始终不做大事，所以偏偏能完成大事。随便允诺别人的要求，势必很少兑现；经常把事情看得太容易，势必常常遭到困难。因此，圣人尚且重视困难，所以他终归没有困难。

六十四章

题解 本章跟前章前半部分一样，老子反复宣扬他的指导思想——“无为”的好处和作用。文中提出：“是以圣人无为故无败，无执故无失。”文中也提出一些变化、发展的观点，如：“合抱之木，生于毫末；九成之台，起于累土；千里之行，始于足下。”这些提法也是可取的。

原文 其安易持，其未兆易谋，其脆易判，其微易散①。为之于其未有，治之于其未乱②。合抱之木，生于毫末；九成之台，起于累土；千里之行，始于足下③。为者败之，执者失之④。是以圣人无为故无败，无执故无失⑤。民之从事，恒于几成而败之⑥。故曰：“慎终如始，则无败事⑦。”是以圣人欲不欲，不贵难得之货；学不学，复众人之所过⑧。以辅万物之自然，而弗敢为也⑨。

注释 ①傅奕如此，王、范大致相同。“其脆易判”，河上公作“其膬易破”。范“脆”作“脃”。王及《释文》，“判”作“泮”；景龙、开元、景福、敦煌、龙兴碑及唐宋诸本，多同河上作“破”。

《韩非子·喻老》所引只前二句；“持”字、“谋”字下各有“也”字。马王堆本乙本全部损掩，甲本只残留一句作“其安也易持也”及“易谋”二字，余尽损掩。毕沅说：“《说文》无‘脆’字，有‘胞’字。云：‘小耎易断也。’‘臁’字云：‘耎易破也。’是胞、臁同义。泮、判字通。”《说文》：“判，分也。”

②敦煌六朝写本残卷如此。孙盛《三国志·孙策传评》：“可谓为之于其未有，治之于其未乱者也。”未言引老，或系偶合。马王堆本甲乙本，全部损掩。傅、范二“于”字皆作“乎”。河上、王弼无“其”字，贾谊《新书·审微》篇所引，作：“为之于未有，治之于未乱。”

③参照河上、王、傅、范写定如此，傅、范“毫”作“豪”，河上、王，“成”作“层”，今校改。马王堆本乙本，“合抱之”三字损掩，“生”“起”二字俱作“作”，末二句作“百千之高，始于足下”；甲本末二句作“百仁之高，台于足（下）”，“仁”是“仞”的假借，“台”是“始”的省写。严遵、龙兴碑及赵至坚《道德真经疏义》，“千里之行”作“百刃之高”，敦煌唐写本残卷于“百刃之高”前更有“而”字，下句俱作“始于足下”。

④河上、王、傅、范诸通行本皆如此。马王堆本乙本作“为之者败之，执之者失之。”甲本损掩。

⑤王、傅、范诸本如此。河上、景福、敦煌与《释文》《群书

治要》诸本，无“是以”二字。严遵，“是以”作“故”，下“故”字作“则”。董思靖本，无“圣人”二字。敦煌“无执”上并有“圣人”二字。马王堆本甲乙本各有损掩，残缺不能成读，互相补缀，可以写作：“是以圣人无为也，故无败也；无执也，故无失也。”

⑥依据河上、王，参照马王堆本写定如此。河上、王，“恒”字作“常”，依马王堆本改，马王堆本乙本作“民之从事也，恒于其成而败之”；甲本同，惟“而”上有“事”字。傅、范如河上、王，无“也”字，而“于”下多一“其”字。“其”“几”古通。“几”训“近”。“其成”即“几成”。傅、范作“其几成”。“其”系代词，是后世演化的用法。龙兴碑及赵至坚本，“民”作“人”，盖避唐讳而改。

⑦参照马王堆本乙本及河上、王诸本写定如此。马王堆本甲本作“故慎终若始”，下句“则”后三字损掩；乙本作：“故曰：‘慎终若始，则无败事矣。’”宋吕知常《道德经讲义》，“慎”字作“谨”。诸通行本俱作“慎终如始，则无败事”，无“故曰”或“故”字；惟傅奕、宋徽宗、邵若愚、董思靖、彭耜诸本，下有“矣”字。今据马王堆本乙本，著录“故曰”二字，以明下句为古时成语矣。“矣”字则从河上、王诸通行本删掉。

⑧王、范如此。马王堆本甲本，“是以圣人”四字损掩，“货”字作“腸”，“不贵”与“复聚”上各有“而”字，乙本省第二

“而”字。《韩非子·喻老》所引，作“欲不欲，而不贵难得之货”，又曰“学不学，复归众人之所过也”。他本皆无“归”字。敦煌本与道藏龙兴碑、赵至坚本，“复”作“备”。傅奕、宋徽宗、邵若愚、董思靖、彭耜诸本，“复”上有“以”字。开元及强思齐、唐玄宗御制本，下“人”作“民”。任继愈《新译》：“复，补救、弥补。”

⑨依据傅、范，参照马王堆本，写定如此。马王堆本甲乙本，俱无“也”字；傅、范，“弗”字作“不”，依马王堆本改。李约《道德真经新注》无“而”字。李约本及景龙、敦煌、《群书治要》诸本，“也”作“焉”。他本并无“也”字、“焉”字。《韩非子·喻老》所引作“恃万物之自然而不敢为也”。

译文 事情在稳定的时候，容易维持；在没有萌芽的时候，容易对付；在脆弱的时候，容易分化；在微小的时候，容易消除。防止事故，要在事故还没有发生的时候；治理动乱，要在动乱还没有开始的时候。合抱的大树，由幼芽长成；九层的高台，由筐土垒起；千里的行程，从脚下开始。谁去做，谁就会把所干涉的事情搞坏；谁把持，谁就会把所把持的东西丧失。因此“圣人”无所作为，所以没有失败；不把持，所以没有损失。人们做事，常在接近成功的时候把事情搞坏。所以说:“在事情快要结束时，能像开始时那样慎重，就不会有失败的事情。”因此“圣人”把没有欲望当作欲望，他不稀罕难得的货物，把没有学问当作学问，以补救众人经常犯下的过错。(用上述原则去)辅助万物的自然发展，而不敢勉强去做。

六十五章

题解

本章集中体现了老子敌视人民的愚民思想。老子这种“非以明民，将以愚之”的主张，跟第三章讲的对待人民要“虚其心，实其腹；弱其志，强其骨”的观点是一致的，也是互相补充的。这种愚民政策，为历代处于剥削阶级的统治者所遵循，有时则变本加厉，是“理有固然”的。

原文

古之善为道者，非以明民，将以愚之①。民之难治，以其知之②。故以知治国，国之贼；不以知治国，国之德③。知此两者，亦稽式。恒知稽式，是谓玄德④。玄德深矣远矣，与物反矣，乃至大顺⑤。

注释

①王弼、傅奕、范应元及宋刊河上公本皆如此。道藏龙兴碑本，“为道者”作“为士者”，“愚之”作“娱之”。景龙，“民”作“人”。敦煌唐写本，下“之”字作“民”。马王堆本甲本作：“故曰为道者，非以明民也，将以愚之也。”乙本，“故曰”作“古之”，“明”后五字损掩。

②道藏严遵本如此。龙兴碑本，“民”作“人”，无下“之”字，释者以下句“故”字属此句，作“以其知故”。下句，范作“以

其知多也”，傅作“以其多知也”，诸王本作“以其智多”，景龙、敦煌作“以其多智”。马王堆本甲乙本作“民之难治也，以其知也”。甲本，“治”字损掩。张松如《校读》：“此与上文‘将以愚之’句为韵，当如严本作‘以其知之’。”

③依据马王堆本，参照诸今本写定如此。马王堆本乙本作：“故以知知国，国之贼也；不以知知国，国之德也。”甲本同，惟“国”字作“邦”。马王堆本“治”字讹作“知”，据今本改。傅奕作：“以知治国，国之贼也；不以知治国，国之福也。”王、范及诸唐本无两“也”字。“知”字或作“智”。“德”字，敦煌唐写本与道藏龙兴碑本、赵至坚本、李荣注、成玄英疏，皆同马王堆本，作“德”；他本皆同傅奕作“福”。张松如说：“‘福’‘德’义可通。《礼记·哀公问》：‘百姓之德也。’注：‘犹福也。’《晋语》：‘夫德，福之基也。’这可能是古本‘德’字被后人改作‘福’字的缘由。”

④诸王本如此，惟“恒”字作“常”，依马王堆本改。马王堆本乙本作：“恒知此两者，亦稽式也。恒知稽式，是谓玄德。”甲本同，“是”字作“此”。傅奕本、马王堆本惟前“恒”字作“常”，后“恒”字作“能”。龙兴碑，“亦”下有“为”字。两“稽”字，严遵本、敦煌六朝写本、景龙、开元、景福、诸唐本及宋刊河上公本与宋徽宗、司马光、赵至坚诸本，俱作“楷”。陆德明《释文》：“严、河上作‘楷式’。”张松如说：

"'稽''楷'同声相假，本字当作'楷'，'稽'为'楷'之借字。《广雅·释诂》一：'楷，法也。'是'稽式'，即法式也。"

⑤参照马王堆本甲乙本写定如此。甲本，"反"字及末三字损掩；乙本"与"字损掩，"反矣"作"反也"。前二句，河上、王、傅同马王堆本，敦煌六朝写本作"玄德深矣远"，下句误夺；严遵本，无下"矣"字。景龙本、敦煌唐写本、赵至坚本及《道德真经注疏》，俱无三"矣"字，道藏龙兴碑本，无"玄"字并无三"矣"字。后一句，诸王本，上有"然后"二字；傅奕、司马光、范应元诸本，作"乃复至于大顺"，叶梦得《老子解》作"乃大顺"。蒋锡昌《校诂》："物，万物也。反，借为'返'。大顺者，大顺自然，即指道而言。此言玄德深远，人主与万物皆返于真，然后乃同至于道也。"

译文 古时候善于行"道"的人，不是用"道"来使人民聪明，而是用"道"来使人民愚昧。人民之所以难于统治，正因为他们有智慧。所以用智慧来治理国家，是国家的祸患；不用智慧来治理国家，是国家的福利。认识这两者之间的道理，也是一个准则。经常了解这一准则，这就叫作微妙深奥的德。微妙深奥的德，是多么精深宏远啊，它与万物同归于"道"，这样才能达到非常顺畅的境界。

六十六章

题解 本章，是老子“向统治者献言，颇有点像班固所说的君人南面之术”。老子奉劝他理想中的体“道”圣人，要想统治人民，就得用言辞对人民表示谦下；要想领导人民，就得把自身放在人民后面。最后，要做到“居上而民弗重也，居前而民弗害也”。这种主张，“天真幻想诚有之，贬曰滑头，斥为阴险，未免过界了吧”（采张松如说）!

原文 江海所以能为百谷王者，以其善下之也，故能为百谷王①。是以圣人之欲上民也，必以其言下之；欲先民也，必以其身后之②。故居上而民弗重也，居前而民弗害也③。天下皆乐推而弗厌也，非以其无争与？故天下莫能与争④。

注释 ①傅奕如此。王弼无“也”字，余尽同。马王堆本甲本无“也”字，乙本有“也”字；甲乙本“故”字俱作“是以”。景龙、敦煌无“者”字。宋刊河上本无“其”字。严遵本无“善”字。蒋锡昌《校诂》：“《说文》：‘泉出通川曰谷。’是百谷犹百川也。《说文》：‘王，天下所归往也。’是‘王’即归往之义。此言江海所以能为百川归往者，以其善居卑下之地，故能为百川归往也。六十一章王注：‘江海居大而处下，则百川流之。’即据此文而言。”

②马王堆本甲乙本俱如此。甲本“先”字后“民也”二字损掩。傅、范无“之”字及两“也”字。王弼作“是以欲上民，必以言下之；欲先民，必以身后之”，但道藏王本，“是以”下有“圣人”二字，当据补入。开元、敦煌及《治要》诸本，上“民”字作“人”；景龙、龙兴碑、《道德真经》及诸唐本宋本，两“民”字均作“人”。

③马王堆本乙本如此，甲本“居上”与“居前”两句颠倒。王弼作：“是以圣人处上而民不重，处前而民不害。”傅奕作：“是以圣人处之上而民弗重，处之前而民不害也。”敦煌、古观楼、《道德真经》、龙兴碑及强思齐、杜光庭、司马光、苏辙、焦竑、周如砥诸本，均无“圣人”二字，同马王堆本。

④据马王堆本甲乙本写定如此。甲本无“皆”字，“争”改作“诤”，“故”字下五字损掩；乙本“非”字作“不”，“以”字损掩。傅奕作：“是以天下乐推而不厌，不以其不争？故天下莫能与之争。”王弼同傅，惟“以其不争”句上无“不”字；此句，范应元作“不以其争”。

译文 江海之所以能成为一切小河流所归往的总汇，是因为它处于一切小河流的下游，所以能成为一切小河流所归往的总汇。因此圣人要想统治人民，必须用自己的言辞向人民表示谦下；要想领导人民，必须把自己摆在人民的后面。所以圣人统治人民，但人民不感到有负担；领导人民，但人民不认为有妨碍。天下人都乐意推戴他而不感到烦重，那不正是由于他不与人相争吗？所以普天下没有谁能争赢他。

六十七章*

题解 本章讲的是“道”的原则在政治军事上的具体运用。老子提出“三宝”[慈、俭、后（不敢为天下先）]，并站在“慈”“俭”“后”这方面，把它们绝对化，还把退守看作是不可改变的最高原则，而忽视了“勇”“广”“先”（前进），尤其是“先”在发展过程中的主导作用，因而背离了辩证法。

原文 天下皆谓我道大，大而不肖①。夫唯不肖，故似不肖②。若肖，久矣其细也夫③！我恒有三宝，恃而宝之④：一曰慈，二曰俭，三曰不敢为天下先⑤。夫慈，故能勇；俭，故能广；不敢为天下先，故能为成器长⑥。今舍其慈，且勇；舍其俭，且广；舍其后，且先；则必死矣⑦。夫慈，以战则胜，以守则固⑧。天将建之，如以慈垣之⑨。

注释 *本章依据马王堆本乙本，参照甲本，改错补残而写定。马王堆本甲乙本，在本章前，即上章“故天下莫能与争”后，插入“小国寡民”及“信言不美”两章，今属八十及八十一章。本章在马王堆本中，应为六十九章。仍照今本次序，作六十七章。

①马王堆本乙本如此，甲本损掩。王弼作:“天下皆谓我道大，似不肖。”今本多作“我道大”，惟傅、范作“天下皆谓吾大，似不肖”。河上、严遵、景龙、开元、景福、龙兴碑及六朝写本、唐写本皆作“我大”，无“道”字，无“皆”字，景龙、龙兴碑，无“似”字；唐写本、龙兴碑，“谓”作“以”，“肖”作“笑”，下“肖”字亦同作“笑”。

②马王堆本乙本如此。甲本作“夫唯大，故不肖”，“大”字损掩，依意补。王、傅及今诸通本俱作“夫唯大，故似不肖”，或无“似”字，同马王堆本甲本。

③马王堆本乙本如此。甲本作:“若肖，细久矣。”王、傅、范如乙本。严遵《指归》作“若肖，久小矣”，道藏龙兴碑并无此“矣”字。河上、景福无“也”字，景龙并无“也夫”二字。

④马王堆本乙本如此。甲本夺“持而宝”三字。《韩非子·解老》所引作:“吾有三宝，持而宝之。”上句，“我”字王、范与他本，同马王堆本作“我”。傅奕、李约同韩非作“吾”；均无“恒”字。下句，河上、傅、范与景龙、敦煌六朝写本及唐写本皆同马王堆本。韩非作“持而宝之”；敦煌本、道藏龙兴碑及邵若愚、李约、彭耜、危大有、焦竑、周如砥诸本作“宝而持之”，开元、古观楼、《道德真经》及强思齐、司马光、苏辙、赵孟頫、黄茂材诸本作“保而持之”；今诸王本作

“持而保之”。保、宝二字古义通。

⑤马王堆本乙本如此。甲本“三曰不敢为天下先”八字损掩。河上、王、傅、范及后世诸通行本尽同。惟敦煌唐写本，无“敢”字。

⑥马王堆本乙本如此。甲本前六字损掩，“成器长”作“成事长”。《韩非子·解老》所引，无“夫”字，末句作“故能为成事长”。前二句，诸本悉同；惟末句，司马光、范应元作“故能为成器长”。敦煌本作：“故能为民成器长。”傅与诸唐本、河上本、诸王本俱作“故能成器长”，“能”下无“为”字。李约作“故能成其长”。俞樾《诸子平议》：“‘事’‘器’异文，或相传之本异，或涉上文‘事无不事’句而误，皆不可知。韩非‘故能’下有‘为’字，则当从之。盖‘成器’二字，相连为文。哀十四年《左传》：‘成国不过半天子之军。’杜注：‘成国，大国。’昭五年《传》：‘皆成县也。’成县亦谓大县。然则成器者，大器也。二十九章：‘天下神器，不可为也。’《尔雅·释诂》：‘神，重也。’‘神器’为重器，‘成器’为大器，二者以天下言。质言之，则正是不敢为天下先，故能为天下长耳。”

⑦依马王堆本甲乙本写定如此。乙本“今”字损掩，“则”字下无“必”字；甲本夺“舍其俭，且广”句，今相互补缀写定如上。河上、王弼省三“其”字，末句作“死矣”。傅、范

及唐宋诸今本多三“其”字,“舍”字作“捨”。傅、范末句作“是谓入死门”。

⑧马王堆本甲乙本如此。甲本“以战”二字损掩，乙本“战”省作“单”。河上、王弼及景龙、开元、景福、敦煌诸本皆同马王堆本。《韩非子·解老》引文作:“慈，于战则胜，以守则固。”“以战则胜”句，傅、范与道藏龙兴碑、宋汇刻四家注本，皆作“以陈则正”。马叙伦《校诂》:“谂弼注上文‘一曰慈’曰:‘夫慈，以陈则胜。’是王作‘以陈则胜’，当从之。”张松如《校读》:“‘以陈则正’，亦即‘以战则胜’。”

⑨马王堆本甲乙本悉如此。“如”字，甲本省作“女”。王引之《经传释词》:“如，则也。”王、傅、范作:“天将救之，以慈卫之。”景福与敦煌本皆如道藏河上本，作“天将救之以善，以慈卫之”。张松如《校读》:“建之、救之，皆助之之谓；卫之、垣之，其义亦同，正是保护之意。”

译文

天下人都说我伟大，伟大得不像任何具体的东西。正是因为不像任何具体的东西，所以才能成其为伟大。要是真像什么具体的东西，那我早就渺小得很了。我常有三件法宝，我掌握着并且珍惜着它们：一是柔慈，二是俭约，三是不敢先天下人有所为。秉心柔慈，故能勇敢；厉行俭约，故能宽广；做到不敢先天下人有所为，故能成为天下的首领。现在舍去柔慈，只讲勇敢；舍去俭约，只讲宽广；舍去退让，只讲抢先；那就必定要灭亡了。柔慈这件法宝，用之于战争，就能胜利；用之于守卫，就能稳固。天要帮助谁，就用柔慈来保卫谁。

六十八章

题解 本章讲战略战术。对将帅所提出的这些要求——不逞强，不激怒，避免正面冲突，利用别人的力量，以不争达到争的目的，等等，在军事学上，都有很大的价值。

原文 善为士者不武，善战者不怒①，善胜敌者弗与，善用人者为之下②。是谓不争之德③，是谓用人之力④，是谓配天，古之极也⑤。

注释 ①马王堆本甲本如此，乙本同，惟前有“故”字。傅、范与景龙、敦煌唐写本、道藏龙兴碑，前有“古之”二字。宋刊河上本与诸王本，皆同马王堆本甲本，无“故”字及“古之”二字。傅本“不武”下有“也”字。敦煌唐写本“善战”以下无“者”字。

②马王堆本甲乙本悉如此。甲本“与”字损掩，依乙本补。宋刊河上本与诸王本皆如此，同马王堆本，惟“弗”字作“不”。敦煌唐写本，无二“者”字。“弗与”，傅、范与景龙、开元、敦煌六朝写本，作“不争”。“为之下”，今河上本与景龙、景福、敦煌唐写本，俱省“之”字。奚侗说：“不战而屈

人之兵，故云不与；以我临物曰与。见《易》杂卦传，‘或与或求’注。”张松如《校读》：“《周易》杂卦第十一：‘临观之义，或与或求。’注曰：‘以我临物故曰与，物来观我故曰求。’此‘弗与’，盖谓不以我图攻取也。”

③马王堆本甲乙本悉如此。甲本“是”字损掩，“争”字讹作“诤”；乙本“之”字损掩，今依两本校补写定如上。河上、王、傅、范及诸通行本并同。惟顾欢《道德真经注疏》“谓”作“以”。

④河上、王、傅、范及诸通行本皆如此。马王堆本甲乙本皆无“之力”二字。景龙本“谓”作“以”。严遵本无“是谓”二字。

⑤马王堆本甲乙本如此。傅、范及景福、敦煌六朝写本、唐写本、《道德真经》诸本，大致相同。河上本、诸王本，无“也”字。“是谓配天”，河上注：“能行此德者，德配天也。”“古之极”，河上注：“是乃古之极要道也。”

译文 善于做将帅的人不轻易动武，善于打仗的人不容易被敌人激怒，善于胜敌的人不跟敌人硬拼，善于用人的人对别人很谦虚。这叫作不与人相争的美德，这叫作善于利用别人的力量，这叫作配合天道，这是自古以来的准则。

六十九章

题解 本章前承六十八章，继续阐述以退为进的战略战术思想，其中提到轻敌必败、哀兵常胜的见解，确有它合理的地方。张松如说：“老子意不在‘兵’，而是讲的更具普遍性的‘道’。”其言深符老旨。

原文 用兵有言曰①：吾不敢为主，而为客；吾不敢进寸，而退尺②。是谓行无行，攘无臂，执无兵，扔无敌③。祸莫大于轻敌，轻敌几丧吾宝④。故抗兵相若，则哀者胜矣⑤。

注释 ①马王堆本甲本如此。乙本“有”字借作“又”。傅奕同甲本。范应元“兵”下有“者”字，“言”下亦有“曰”字。河上、王弼及唐宋以来诸通行本，多无“曰”字，作“用兵有言”。

②马王堆本乙本如此。甲本下句夺一“敢”字，“退”字借作“芮”。河、王、傅、范及诸通行本，悉同乙本。敦煌本，两“敢”字均作“能”。道藏龙兴碑，两“敢”字下，各有“求”字。苏辙说：“主，造事者也；客，应敌者也。进者，有意于争者也；退者，无意于争者也。”复旦大学《老子注释》：“主，

主动，引申为采取攻势。客，被动，引申为采取守势。”

③马王堆本乙本如此。甲本末句“敌”后有“矣”字。傅奕、严遵与敦煌唐写本、道藏龙兴碑本，皆同马王堆本乙本。今王本及诸他本，“执无兵”句多在“扔无敌”句后。元张嗣成《道德真经章句训颂》，“扔无敌”句在“攘无臂”句前。陶方琦说：“‘执无兵’句应在‘扔无敌’句上。弼注：‘犹行无行，攘无臂，执无兵，扔无敌也。’是王同此。”攘，举起。扔，这里指进攻。范与《释文》作“扔”，他本皆作“仍”，马王堆本简作“乃”。仍、乃、扔，同音假借。

④王弼如此。马王堆本甲本作：“祸莫大于无敌，无敌近亡吾葆矣。”乙本“葆”作“琛”。傅奕及吕惠卿，亦作“无敌”，同马王堆本。傅、范及古观楼、龙兴碑诸唐本宋本，“几”上有“则”字，“丧”字作“亡”。“轻敌”，范应元同诸王本作“轻敌”，敦煌唐写本及道藏龙兴碑作“侮敌”，又一本与六朝本作“诬敌”。张松如《校读》：“衡前后文谊，上面‘是谓’四句，当是肯定的，下面‘祸莫大于’一句，乃是否定的。如作‘无敌’，在一句中固通，绾合上文便发生抵牾了。未及‘轻敌’义长。”苏辙说：“圣人以慈为宝。轻敌则轻战，轻战则轻杀人，丧其所以为慈矣。”

⑤傅奕如此。马王堆本甲本“抗”作“称”，乙本“则”作“而”。敦煌唐写本作“故抗兵相如”。“相如”，范与开元、河

上、诸王本皆作“相加”。王弼注:“抗，举也。加，当也。”敦煌又一本作“相若”，同傅奕与马王堆本,“若”，亦当也。“则哀者胜矣”，诸王本无“则”字，景龙、敦煌、龙兴碑，并无“矣”字，范及诸他本多有“矣”字。诸本“则”字，或作“而”。王引之《经传释词》:“而，犹则也。”苏辙说:“两敌相加，而吾出于不得已，则有哀心。哀心见而天人助之，虽欲不胜，不可得也。”

译文 兵家常说：我不敢采取攻势，而宁愿采取守势；我不敢前进一寸，而宁愿后退一尺。这就是说，布阵要像没有布阵一样，伸出胳膊要像没有伸出胳膊一样，拿着武器要像没有拿武器一样，进攻敌人要像没有进攻一样。祸害之大，莫过于轻视敌人；轻视敌人，几乎丧失了我的三件法宝（慈、俭、不敢为天下先）。所以在两军对阵、兵力相当的情况下，那悲愤的一方，一定能获得胜利。

七十章

题解 张松如说:“此老子自叹其言不为世知，道之不为人行也。‘不言之教，无为之益，天下希能及之矣。’（四十三章）此义,《老子》书中曾反复说过了。…… 个中消息，本章中便有所流露出来了，这是真实感情的反映。”

原文 吾言甚易知也，甚易行也①。而天下莫之能知也，莫之能行也②。言有宗，事有君③。夫唯无知也，是以不我知④。知我者希，则我贵矣⑤。是以圣人被褐而怀玉⑥。

注释 ①马王堆甲本如此。乙本省两“甚”字。河上、王、傅、范及诸今本，有两“甚”字，无两“也”字。

②马王堆本乙本如此。甲本“天下”二字作“人”，下句“莫”字前衍一“而”字。傅、范作:“而人莫之能知，莫之能行。”诸唐本与河上本、诸王本作:“天下莫能知，莫能行。”王弼注中所引作:“莫之能知，莫之能行。”

③参照马王堆本甲乙本写定如此。甲本作“言有君，事有宗”，乙本作“夫言又宗，事又君”。“又”字当为“有”字音

假。河上、王及唐宋诸本，多同乙本，惟无“夫”字。傅、范，“君”字作“主”。《文子·精诚》篇作“事有本”。《微明》篇亦作“事有君”。张松如《校读》：“‘君’犹‘主’也，‘本’也。古‘君’与‘宗’字叶韵。”

④马王堆本乙本如此。甲本“夫”字讹作“其”，“我知”二字损掩。傅、范与《淮南子·道应训》所引，皆作：“夫唯无知，是以不吾知也。”他本及诸王本无“也”字，“吾”作“我”。道藏严遵本作“唯无我知，是以不吾知。”蒋锡昌《校诂》：“此言夫唯普通人君，顽钝无知，是以不知圣人之教也。”张松如《校读》：“蒋说是。惟‘夫唯无知者’，概谓天下之‘人’，未必特指‘普通人君’。”

⑤马王堆本乙本如此。甲本只残留“我贵矣”三字，前五字均损掩。傅、范与敦煌六朝写本、唐写本皆与马王堆本同。“则我贵矣”句，景福作“明我者贵”，开元作“则我者贵”。玄宗注云：“则我不言之教者至贵。”河上与诸王本虽亦同作“则我者贵”，而注皆如希知为贵之义。劳健《古本考》：“道藏严遵、司马光、陈景元诸本，并作‘则我贵矣’。此‘矣’字与下句‘玉’字合韵。”奚侗说：“世之知我者少，是我独异于人，而为天下贵矣。王弼、河上本，均作‘则我者贵’，谊与下句不属。兹从范应元本。”

⑥马王堆本甲乙本如此，傅、范及严遵诸本皆同。“被”字，

范本作“披”。褐，粗布衣服。被褐，犹言穿着粗布衣服。他本及诸王本，无“而”字。范应元说：“圣人内有真贵，外不华饰，不求人知，与道同也。”

译文 我的话很容易懂，很容易实行。但是天下没有谁能懂，没有谁能实行；说法要有宗旨，做事要有中心。由于人们无知，因此他们不了解我。了解我的人越少，我就显得越尊贵。因此，圣人穿着粗布衣服，怀里却揣着宝玉。

七十一章

题解 任继愈说："这一章，主要讲的是要有自知之明。但老子所谓'自知'，是教人接受他的'无为''无知'的消极保守思想。所以这种'自知之明'并不是真正的自知。"

原文 知不知，尚矣；不知知，病矣①。夫唯病病，是以不病②。圣人不病，以其病病，是以不病③。

注释 ①马王堆本乙本如此。甲本"不知知"作"不知不知"。傅、范皆如乙本。河上、王弼与诸唐本作"知不知上，不知知病"，无两"矣"字。"上""尚"古字通。《淮南子·道应训》引作："知而不知，尚矣；不知而知，病也。"《文子·符言》篇引作："知不知，上也；不知知，病也。"《吕氏春秋·似顺论·别类》篇引一句，作"知不知，上矣"。奚侗说："知之而不自以为知，是谓上德之人；若不知而自以为知，则有道者之所病也。"

②河上、王、傅、范及诸今本多如此。马王堆本甲乙本皆无此二句。道藏龙兴碑，亦无此二句。景龙及敦煌唐写本，此二句省作"是以"。敦煌六朝写本，作"夫唯病病，是以病"，

显系遗漏一“不”字。杜道坚《道德玄经原旨》作“夫唯病病，以其不病”，亦似有讹误。

③河上、王弼如此。马王堆本乙本“圣人”前有“是以”二字，前两句后有两“也”字；甲本无两“也”字，末六字损掩，“圣人”前，也有“是以”二字。傅、范作：“圣人之不病，以其病病，是以不吾病。”《韩非子·喻老》引作：“圣人之不病也，以其不病，是以无病也。”《御览·疾病部》引作：“圣人不病，以其病病；夫唯病病，是以不病。”

译文

知道了像不知道一样，这很高尚；不知道而自以为知道，这是弊病。只有把弊病当作弊病，才没有弊病。圣人是没有弊病的，因为他把这种弊病当作弊病，所以才没有弊病。

七十二章

题解 张松如说："老子正告统治者，对待人民要宽厚，'无狎其所居，无厌其所生'。如果一味凭仗恐怖手段，最后就一定会召来大恐怖的报复。只有理想中的'圣人'才懂得这层道理，他不阻塞人民，因而不为人民所阻塞。圣人都是有自知之明而不自我显示，有自爱之心而不自我抬高。这样他对人民就'无狎''无厌'，而不逞威。"

原文 民不畏威，则大威至矣①。无狎其所居，无厌其所生②。夫唯弗厌，是以不厌③。是以圣人自知而不自见，自爱而不自贵，故去彼取此④。

注释 ①傅、范如此。河上无"则"字。王弼无"矣"字。马王堆本乙本作："民之不畏畏，则大畏将至矣。"甲本，上句"民之不"三字及下句"大畏将至"四字均损掩，只断续残留"民畏则矣"四字。敦煌六朝写本，两"威"字亦均作"畏"，无"则"字，有"矣"字。焦竑《老子翼》："威、畏古通用。人不畏其所当畏，则大可畏者至矣。"开元、龙兴碑及御注本、李约本、强思齐本，"民"作"人"，盖避唐讳也。奚侗说："此云威即谓可畏之事，如刑罚兵戎之属。民不畏其所可畏，其故由于不能安居乐业，而祸乱由兹起，则大可畏者至矣。此为治天下者垂戒，非为凡人言也。”

②王弼、傅奕、范应元皆如此。马王堆本甲乙本大致相同，惟两“无”字作“毋”;“狎”字，甲本作“闸”，乙本作“伄”。河上及诸唐本宋本等,“狎”字多作“狭”。严遵作“挟”，盖形近而讹。司马光“居”作“安”。毕沅说:“‘狎’，河上作‘狭’。《说文》无‘狭’字。”奚侗说:“‘狭，即《说文》‘陕’字，隘也。隘有迫谊。厌,《说文》:‘笮也。’此言治天下者无狭迫人民之居处，使不得安舒；无厌笮人民之生活，使不得顺适。”任继愈《新译》:“狎，唐碑本均作‘狭’，即逼迫，压迫。厌，阻塞。”

③马王堆本乙本如此，甲本后三字损掩。傅、范作:“夫唯不厌，是以无厌。”河上、王弼及诸唐本作:“夫唯不厌，是以不厌。”张松如《校读》:“此上句谓上弗厌民，下句谓民不厌上。依帛书作上‘弗’，下‘不’，以示有别，较作两‘无’或两‘不’，于义均长。”任继愈《新译》:“‘厌（yà）’，同压，即压迫。”

④傅、范如此。马王堆本乙本前两句末均有“也”字,“彼”讹作“罢”。甲本前十三字损掩，末句无“而”字。河上、王弼及诸唐本，无两“也”字，无两“而”字，敦煌唐写本及

道藏龙兴碑,“是以”作“故”;诸今本末句,均同马王堆本甲本,作“故去彼取此”。蒋锡昌《校诂》:“‘自知’与‘自爱’,词异谊同;‘自见’与‘自贵’,词异谊同。‘自爱’则清静寡欲,‘自贵’则有为多欲。此言圣人清静寡欲,不有为多欲,故去后者而取前者也。”

译文 人民不害怕(统治者的)威力,那么最可怕的事情就要发生了。不要逼使人民不得安居,不要阻塞人民的生计。只有不压迫人民,人民才不会感到压迫。因此,圣人只要求自知而谦下,不要求自信而夸耀;只要求自爱而少欲,不要求自负而多欲。所以舍弃后者(自见、自责)而保持前者(自知、自爱)。

七十三章

题解 老子在七十六章说："坚强者死之徒，柔弱者生之徒。"本章"敢"，即"坚强"；"不敢"，即"柔弱"。"勇于敢则杀，勇于不敢则活"，这就是说，勇于坚强则死，勇于柔弱则生。"勇"虽同样，重点有异，生死殊途。而自然之道，贵柔弱不贵坚强。因果相依，祸福相乘，福善祸淫，理或无爽；"天网恢恢，疏而不失"。在用兵方面，他主张"不争而善胜"，要善谋而不硬拼，这是有合理因素的。

原文 勇于敢则杀，勇于不敢则活①。此两者，或利或害②。天之所恶，孰知其故③？天之道，不争而善胜，不言而善应，不召而自来④，坦然而善谋⑤。天网恢恢，疏而不失⑥。

注释 ①马王堆本乙本如此。甲本，两"敢"字下有两"者"字，"活"字甲乙本右旁残损，据今本写定。河上、王、傅、范及诸今本，俱同乙本，无两"者"字。

②马王堆本乙本如此。甲本损掩。诸王、傅、范，皆同马王堆本。景龙、开元、景福、古观楼及唐玄宗、陈象古、司马

光诸本,“此”上有“知”字。严遵、李约及敦煌六朝写本、唐写本,“此”上有“常知”二字。

③马王堆本乙本如此。甲本损掩。严遵、景龙、龙兴碑及敦煌唐写本同马王堆本。河上、王、傅、范及开元诸本，下衍“是以圣人犹难之”一句，如第六十三章文。奚侗说:“‘是以’一句，谊与上下文不相属，盖六十三章文复出于此。”今据马王堆本，不录此句。

④河上、王、傅、范及唐宋诸今本皆如此。马王堆本甲本，前两句损掩；乙本,“不争”作“不单”,“单”盖“战”之省文，“不忍”作“弗召”。《群书治要》,“天之道”作“天道”，无“之”字。

⑤敦煌六朝写本如此。“坦然”，两唐写本作“不言”，傅、范作“默然”，开元与诸王本作“繟然”。《释文》:“繟，音阐，坦，吐旦反，梁王尚、钟会、孙登、张嗣本有此。坦，平大貌。河上作谭，谭，宽也。”劳健《古本考》:“《论语》郑注‘坦荡荡’，宽平貌。‘谭’训宽，是假作‘坦’。‘繟’字盖又从‘谭’字传写演变。故今河上本亦作‘繟’。《广雅》:‘繟，缓也。’词固可通，然与下文‘恢恢’义不相应。作‘不言’，则涉上文‘不言善应’之误。‘默然’又似从‘不言’改作。皆非。”张松如《校读》:“劳说详辩，甚是。帛书甲本作‘弹而善谋’，乙本作‘单而善谋’,‘弹’‘单’均似‘谭’之讹，

是古本已作‘谭’矣，亦乃‘坦’之借字也。”

⑥河上、王、傅、范及唐宋诸今本多如此。马王堆本甲本损掩，乙本大致相同，惟“恢恢”作“袿袿”。张松如《校读》：“《说文》：‘絓，大也。’‘絓’读guài，与‘恢’音义皆近。‘袿’，盖读为‘絓’。景龙与周如砥本，‘失’字作‘漏’。”马叙伦曰：“《后汉书·杜林传》注引‘失’作‘漏’。”

译文 勇于坚强就要被消灭，勇于柔弱就能保存自己。这两种勇敢的行为，有的带来好处，有的带来灾害。天所厌恶的，谁知道它是什么缘故？自然的规律，是不斗争而善于取胜，不讲话而善于应对，不召唤而自动来到，胸怀坦白而善于谋划。天网无边，它的网眼虽然稀疏，可是什么也漏不掉。

七十四章

题解 本章，老子警告那些以刑戮代天之威的暴君：专靠严刑峻法治理人民，决非长治久安之道。提出“民不畏死，奈何以死惧之”这两句名言，向暴君们敲警钟。最后提出：“夫代司杀者杀，是代大匠斫。夫代大匠斫，则希不伤手矣。”反复告诫之情，溢于言表，其意所在，更昭然若揭了。（采张松如说）

原文 民不畏死，奈何以死惧之①？若民恒畏死②，而为奇者，吾得执而杀之，孰敢③？恒有司杀者杀④。夫代司杀者杀，是代大匠斫⑤。夫代大匠斫，则希不伤其手矣⑥。

注释 ①河上、王弼及景龙、开元、景福、古观楼诸唐本皆如此。傅、范，“民”下有“常”字，“奈何”作“如之何其”。马王堆本乙本作“若民恒且不畏死，若何以杀惧之也”。甲本，前句损掩，后句作“奈何以杀俱之也”。《尹文子·大道》篇所引，“奈”作“如”。

②马王堆本甲本如此。乙本作：“使民恒且畏死。”河上、王弼、傅奕俱作“若使民常畏死”。范应元作“若使民而畏死”。

开元、龙兴碑及唐玄宗、寇才质、司马光、苏辙诸本，“民”作“人”。景龙、敦煌唐写本省“民”字，又敦煌唐写本及龙兴碑，作“常不畏死”。

③河上、王弼、开元及范应元皆如此。景龙、敦煌，“得执”作“执得”。傅无“执”字，末有“也”字。敦煌六朝写本，末有“矣”字。马王堆本甲本作：“则而为者，吾将得而杀之，夫孰敢矣?”乙本作：“而为畸者，吾得而杀之，夫孰敢矣?”张松如《校读》：“诸本互有繁简，文义尽同。甲本‘则而为者’不词，疑有讹夺。乙本，‘畸’‘奇’古通。…… 合上下语意，是说：‘若民恒畏死，而为奇者，吾得执而杀之，孰敢?’而民之为奇者竟不绝，此正反证‘民不畏死’，从而申述了‘奈何以死惧之’的主题。”奇，不正，邪。为奇者，指进行捣乱的人。

④傅、范及开元作：“常有司杀者杀。”马王堆本甲乙本俱作：“若民恒且必畏死，则有司杀者。”今据以改“常”字作“恒”。敦煌六朝写本及景福、河上，皆无下“杀”字。河上注：“司杀者天，居高临下，司察人过。天网恢恢，疏而不失也。”

⑤马王堆本乙本如此。甲本末有“也”字。上句，吕惠卿、陈象古、诸唐本无下“杀”字。下句，傅、范与敦煌唐写本同马王堆本乙本。敦煌六朝写本、强思齐本“是”字作“谓”；河上、王弼及开元本作“是谓”。

⑥马王堆本甲本如此，乙本无“者”字、“矣”字。上句，河上、傅、范及《淮南子·道应训》所引，皆同马王堆本甲本，六朝写本、诸唐本宋本，无“者”字。下句，六朝写本无“则”字；唐写本与《淮南子·道应训》所引，无“则”字、“矣”字；王、范与开元作“希有不伤其手矣”；傅奕、司马光作“稀有不自伤其手矣”。

译文

人民不怕死，为什么要用死去吓唬他们？假如人民果真怕死，把敢于捣乱的人，抓起来杀掉，谁还敢捣乱？经常有专管杀人的人去执行杀人的任务。那代替专管杀人的人去杀人，正像代替高明的木匠去砍木头。那代替高明的木匠去砍木头的人，少有不砍伤自己的手的。

七十五章

题解 张松如说：“本章揭示了劳动人民与封建统治者之间的阶级矛盾的实质。人民的饥荒，是统治者沉重的租税造成的；人民的反抗，是统治者苛酷的措施造成的；人民的轻死，是统治者无厌的聚敛造成的。这种说法是同贯穿《老子》书中的‘无为’思想相通的。”

原文 民之饥，以其上食税之多，是以饥①。民之难治，以其上之有为，是以难治②。民之轻死，以其上求生生之厚，是以轻死③。夫唯无以生为者，是贤于贵生④。

注释 ①诸唐本、河上本、王本皆如此。马王堆本乙本作：“人之饥也，以其取食跷之多，是以饥。”“民”作“人”，“税”作“跷”，首句末有“也”字。甲本作：“人之饥也，以其取食遂之多也，是以饥。”第一句、第三句全同，惟第二句，“税”讹作“遂”，句末有“也”字。道藏宋汇刻四家注本、彭耜本、焦竑《老子翼》，皆上句无“者”字，亦无“也”字，下句有“也”字。王夫之《老子衍》从之。“民”字，严遵及开元、敦煌、龙兴碑，均作“人”，同马王堆本甲乙本。

②诸唐本、河上本、王本皆如此。傅、范首句末有“者”字，次句末有“也”字。马王堆本乙本作“百姓之不治也，以其上之有以为也，是以不治”，甲本无下“之”字。严遵本作：“百姓不治，以上有无，是以不治。”“民”字，敦煌唐写本、赵至坚本亦作“百姓”；开元、龙兴碑作“人”。两“治”字，唐玄宗《御制道德真经疏》俱作“理”。道藏宋汇刊四家注本、彭耜本与焦竑《老子翼》，皆上句无“者”字，亦无“也”字，下句有“也”字。王夫之《老子衍》从之。

③诸唐本、河上本、王本悉如此。傅奕本，首句末有“者”字，次句末有“也”字。马王堆本乙本作：“民之轻死也，以其求生之厚也，是以轻死。”甲本无前“也”字。范与景龙、敦煌皆无“上求”二字，句作“以其生生之厚”。开元、河上作“以其求生之厚”，同马王堆本，而无“也”字。道藏宋汇刻四家注本、彭耜本与焦竑《老子翼》皆上句无“者”字，下句有“也”字。

④马王堆本甲乙本如此。河上、诸王、开元及唐宋以来诸今本，多同马王堆本。傅作“夫唯无以生为贵者”，多一“贵”字。敦煌唐写本作“夫唯无以生为生者”，多一“生”字。范作“夫唯无以为生者”，二字误倒。次句，他唐本如此。傅、范、景福句末有“也”字。《淮南子·道应训》所引，“也”字作“焉”。马王堆本甲乙本俱作“是贤贵生”，并省去“于”

字及“也”字。

译文 人民之所以挨饿，是因为他们的统治者收税太多，所以挨饿。人民之所以难于统治，是因他们的统治者胡作非为，所以难于统治。人民之所以铤而走险，是因为他们的统治者过分追求享受，所以逼得人民铤而走险。只有把自己的生命置之度外的人，才比过分重视个人生命的人高明得多。

七十六章

题解 本章表达了老子贵柔处弱的思想。老子主张柔弱，反对刚强，这是奴隶主阶级下层软弱性在思想上的集中反映。他虽然不可能认识到必然取得胜利的是新生事物，但是“柔弱胜刚强”这条光辉的原则，却为新生的、暂时处于劣势的力量最终战胜旧的、暂时貌似强大的力量提供了有力的思想武器。

原文 人之生也柔弱，其死也坚强①。草木之生也柔脆，其死也枯槁②。故坚强者死之徒，柔弱者生之徒③。是以兵强则灭，木强则折④。故坚强处下，柔弱处上⑤。

注释 ①河上、王弼、傅奕皆如此。“人”字,《道德真经》及唐玄宗、陈象古、寇才质、司马光、苏辙诸本皆作“民”。“人之生”，景龙作“人生之”。严遵及景龙、敦煌、龙兴碑诸本无两“也”字。范及敦煌“坚”字作“刚”,《说苑·敬慎》篇所引，亦作“刚”。马王堆本甲本作:“人之生也柔弱，其死也䞓仞坚强。”乙本同，唯“䞓仞”作“骾信”。张松如《校读》:“‘䞓’，当即‘栣’之借字。《说文》:‘栣，竟也，从木恒声。’‘骾’，字书不见，疑其义与‘骾’近。‘䞓仞’‘骾信’，都是挺直或挺伸的意思。”

②傅本如此。马王堆本甲乙本“草木”前有“万物”二字。河上、王弼及范应元同马王堆本，冠“万物”二字。古观楼、唐玄宗、司马光、苏辙诸本无“之”字。景龙、开元、敦煌“之生”作“生之”。严遵及景龙、教煌无两“也”字。

③六朝写本及诸王本、诸唐本悉如此。马王堆本乙本“故”后有“曰”字,“坚强”及“柔弱”下并有“者”字，两句末并有“也”字。甲本作:“故曰坚强者死之徒也，柔弱微细，生之徒也。”河上、王、傅、范诸通行本“强”“弱”下各有“者”字。惟《御览·木部》所引同马王堆本乙本，无两“者”字。傅奕、宋徽宗、邵若愚、彭耜及《道德真经解》《全解》诸本并有两“也”字。范与敦煌及《御览·木部》《说苑·敬慎》篇所引“坚”作“刚”。张松如《校读》:“《淮南子·原道训》所引作:‘柔弱者生之榦也，而坚强者死之徒也。’《文子·道原》篇所引作:‘柔弱者生之榦，坚强者死之徒。’皆‘柔弱’句在前,‘坚强’句在后。疑《老子》古本如此，盖承上文先言‘柔弱’而后言‘坚强’也。”复旦大学《老子注释》:“‘徒’，途的假借，道路。”

④黄茂材《老子解》、奚侗《老子集解》悉如此。龙兴碑及王真本作:“是以兵强则不胜，木强则拱。”马王堆本甲本无“是以”二字,“拱”字作“恒”，乙本有“是以”二字，惟“是”

字损掩,“拱”作“兢”。严遵“是以”作“故”,无上“则”字。傅奕,上“强”字下有“者”字,“拱”字作“共”。后世诸通行本,多同傅本作“共”,如河上、景龙、开元、景福、古观楼、敦煌庚辛本、《道德真经》《释文》、唐玄宗、宋徽宗、明太祖、诸唐本、诸宋本及诸元明本皆然。诸王本“拱”作“兵”。黄茂材《老子解》:“《列子》载老聃之言曰:‘兵强则灭,木强则折。’《列子》之书,大抵祖述《老子》之意,且其世相去不远。‘木强则折’,其文为顺。今作‘共’,又读如‘拱’,其说不通。当以《列子》之意为正。”其说见彭耜《道德真经集注》。俞樾、刘师培、易顺鼎诸人皆从之。奚侗《老子集解》:“兵强则以杀伐为事,终至灭亡。各本多作‘兵强则不胜’,非是。木强则失柔韧之性,易致断折。‘折’,各本或作‘兵’,或作‘共’,皆非是。‘折’以残缺,误作‘兵’,复以形近误为‘共’耳。兹据《列子·黄帝》篇、《文子·道原》篇、《淮南子·原道训》引改。”

⑤傅奕及景龙、敦煌、《道德真经》诸本悉如此。马王堆本乙本作“故强大居下,柔弱居上”;甲本无“故”字。王、范亦作“强大”,范前“处”字作“取”。他本多作“坚强”,或作两“居”字,或作两“处”字。于思泊说:“按作坚强者是也。‘坚强处下’与下句‘柔弱处上’,对文,作‘强大’则不类矣。”

译文 人活着时，躯体是柔软的，他死后躯体就变得僵硬了。草木活着时，枝干是脆弱的，它死后枝干就变枯槁了。所以坚强是通向死亡的道路，柔弱是通向生存的道路。因此兵力强大了就会失败，树木强大了就会摧折。所以坚强处于劣势，柔弱处于优势。

七十七章

题解 本章老子以“天之道”来推“人之道”，主张“人之道”应该效法“天之道”。老子看到自然界的一切事物，都在相互对立的矛盾中统一起来，表现出它们的同一性和均衡性。昼夜迭代，寒暑交替，都是这一方面的适例。可是，人类社会的情况，恰好相反，形成鲜明的对比。他面对当时社会的贫富悬殊、阶级压迫的种种不合理现象，发表自己的意见。他认为“人之道”，也应该像张弓的“天之道”那样，“高者抑之，下者举之，有馀者损之，不足者补之”。这是他的主张，也是他的愿望。（采张松如说）

原文 天之道，其犹张弓欤①？高者抑之，下者举之，有余者损之，不足者补之②。天之道，损有余而补不足③；人之道则不然，损不足以奉有余④。孰能损有余以奉天下？唯有道者⑤。是以圣人为而不恃，功成而不处，其不欲见贤⑥。

注释 ①王弼如此。河上“欤”作“乎”。唐宋以来诸今本，多从之作“乎”。傅、范作“欤”，“弓”下有“者”字。景龙、龙兴碑作:“天之道，其由张弓。”马王堆本甲本作:“天下之道，犹张弓者也。”中间五字损掩。乙本作“天之道，犹张弓也”，“犹”字简作“酉”。

②马王堆本甲乙本如此。诸王本及傅、范，同马王堆本。严遵“抑”作“案”。李道纯“下”作“低”。景福及敦煌六朝写本，无第三及第四“者”字,“补”字作“与”。河上与景龙、开元、龙兴碑及唐宋诸本亦多作“与”。

③傅与河上、诸王本皆如此。范本句末有“也”字。开元、景福及唐宋诸本，多无“而”字。马王堆本乙本，前四字损掩，甲本后五字损掩，甲乙两本相补缀，可以写作:“故天之道，损有余而益不足。”他本均无“故”字。

④河上、王、傅、范及诸通行本多如此。开元、景福及敦煌唐写本无“以”字，六朝写本“以”字作“而”。马王堆本乙本作“人之道损不足而奉有余”，省“则不然”三字。甲本有“则不然”三字，但前句损掩四字，后句损掩三字，几不成句读。

⑤范本如此。马王堆本甲本作“孰能有余而有以取奉于者乎”，下句损掩；乙本作“夫孰能有余而有以奉于天者，唯有道者乎”；甲乙本似均有讹舛，义颇晦涩。河上公《道德真经注》，无“孰”字。诸王本无“损”字。傅奕作:“孰能损有余而奉不足于天下者，其唯道者乎?”唐宋以来诸本，或“能”

下有“以”字，或“以”作“而”，或“奉”下有“于”字，“天下”之下，或有“者”，或无“者”，末句作“唯其有道者”“唯有道者乎”“其唯道乎”“其唯有道者乎”，文有小异，其义均同，不一一列举。

⑥河上、王弼如此。马王堆本乙本，“不恃”作“弗有”，“功成”作“成功”，“不处”作“弗居”，句末有“也”字，“其不欲”句前，有“若此”二字，句末有“也”字，甲本多损掩；只残留句末“见贤也”三字。“功成而不处”，傅奕作“功成而不居”，敦煌庚辛本及赵至坚本作“成功”。诸今本俱无“若此”二字。“其不欲见贤”，马王堆本乙本，句末有“也”字，傅、范“也”字作“邪”。景龙作“斯不见贤”。敦煌庚辛本作“其欲退贤”，龙兴碑作“斯不贵贤”。奚侗说：“三句与上文谊不相承，上二句已见二章，又复出于此。”苏辙：“有道者瞻足万物而不辞，既以为人已愈有，既以与人已愈多，非有道者无以堪此。为而恃，成而处，则贤见于世；贤见于世，则是以有余以自奉也。”

译文 天的“道”，不是很像张弓射箭吗？高了就把它压低一点，低了就把它抬高一点，拉过了就把它放松一点，不足时就把它拉满一点。天的“道”也是减少有余的来补给不足的。人的“道”则不是这样，是减少不足的来奉献给有余的。谁能够减少有余的来奉献给天下人呢？只有遵循天道的人。因此，圣人助长了万物而不恃恩求报，有所成就而不自居有功，他不愿意表现自己的聪明才智。

七十八章

题解 本章，老子又一次以“水”喻道，说明柔能胜刚、弱能胜强的道理。在春秋末年，随着铁器的广泛使用，人类在征服自然的斗争中，逐步加深对自然现象的认识。“水善利万物而不争”，“天下莫柔弱于水，而攻坚强者莫之能先”，等等，都反映了人类认识的深化过程。这种观点，不仅是重要的军事战略思想，而且在政治上也有一定的意义。

原文 天下莫柔弱于水①，而攻坚强者莫之能先②，以其无以易之也③。柔之胜刚也，弱之胜强也④，天下莫不知，而莫之能行⑤。故圣人之言云⑥：“受国之垢，是谓社稷主；受国不祥，是为天下王⑦。”正言若反⑧。

注释 ①马王堆本乙本如此，甲本“弱于水”三字损掩。傅与诸王本同。范本“莫”下多一“不”字。河上及景龙、开元、景福、敦煌、诸唐本、诸宋本、诸元明本，“莫柔弱”作“柔弱莫过”。陈象古作：“天下至柔莫过于水。”寇才质作：“天下柔弱者莫过于水。”

②傅本如此。马王堆本甲本同，惟多一“也”字，乙本损掩。

范本,“坚”作“刚”。景龙、敦煌唐写本及龙兴碑,无“者”字。开元、河上及诸王本,“先”字作“胜”。敦煌六朝写本,此句上又有“言水柔弱”四字,为他本所无。

③马王堆本乙本如此。甲本同,惟下“以”及“之也”三字损掩。傅本同。范无前“以”字,作“其无以易之也”。开元及诸王本,无“也”字,作“以其无以易之”。景福、河上,下“以”作“能”,无“也”字,作“以其无能易之”。敦煌六朝写本作“无易之”,并无“其”“也”及两“以”字。劳健《古本考》:“按此句诸本互异,‘易’之解,亦各自为义。王弼注‘无物可以易之’,谓更易也。玄宗注‘万变而常一’,谓变易也。河上注‘攻坚强者,无以易于水’,谓容易也。六朝本作‘言水柔弱,而攻坚强者莫之能胜,无易之’三句,则为毋轻视其柔弱之意,谓慢易也。景福作‘以其无能易之’,亦可解为因其无能而人轻视之。明李宏甫云‘其无以轻易柔弱为也’,正解如六朝本,暗合于古矣。今取诸本互勘,解如慢易,与上文相贯,义长。不宜作两‘以’字。”按,劳说不可从。今诠之马王堆本甲乙本,俱有两“以”字。如训“易”,为“慢易”,则与上文意义不连贯,不易讲通。应取王弼注,训“易”为“更易”,即代棒,义长。任继愈《老子新译》:“易,代替。‘无以易之’的解释,根据王弼注‘无物可以易之’。又据马叙伦《老子校诂》引陶鸿庆说。”

④《淮南子·道应训》所引如此。马王堆本乙本正同，惟“柔”字讹作“水”。甲本损掩。傅、范无两“也”字。开元、敦煌、古观楼、龙兴碑及司马光、苏辙诸本，作“故柔胜刚，弱胜强”。河上及诸王本，两句互倒，作“弱之胜强，柔之胜刚”。景龙本作“故弱胜强，柔胜刚”。六朝写本同，无“故”字。景福作“弱之胜强，柔之胜刚。”

⑤傅、范及《淮南子·道应训》所引悉如此。马王堆本乙本上句“不”作“弗”，句末有“也”字，下句“莫之能行”四字损掩，句末有“也”字，甲本损掩，只残留“天”及“行也”三字。诸王本及诸今本，多作“天下莫不知，莫能行”，景龙、敦煌、龙兴碑，“不”作“能”。蒋锡昌《校诂》：“此言水之道，柔弱可以胜刚强，天下莫不知，然竟莫能行也。七十章‘天下莫能知，莫能行’，则指圣人之道言，故文字与此稍异。盖圣人之道，知难行难；而水之道，知易行难也。”

⑥傅本如此。敦煌六朝写本、景福本，无“之”字。景龙本、河上本，并无“之言”二字。开元与范本作“是以圣人言”。诸王本作“是以圣人云”。“故”字，马王堆本甲本作“故”，乙本作“是故”；“圣人之言云”，两本皆衍一“曰”字。

⑦范应元本如此，依今本去“也”字。马王堆本乙本，首句“垢”作“诟”，第二句“社稷”后有“之”字，第三句“不祥”前有“之”字，末句“为”作“谓”，“天下”后有“之”字。

甲本两“国”字俱作“邦”。傅奕同乙本。《淮南子·道应训》所引作：“能受国之垢，是谓社稷主；能受国之不祥，是谓天下王。”他本同《淮南子》，惟无两“能”字。

⑧马王堆本甲乙本如此。诸通行本皆同。惟陆希声上有“故”字，傅奕下有“也”字，司马光并有“故”字、“也”字。蒋锡昌《校诂》：“‘正言’即指上文‘受国之垢’四句而言，谓以上所云，乃圣人正育，以世人不知，若为反言也。”

译文

天下没有什么比水更柔弱，可是摧毁坚强的东西，没有什么能胜过它，因为任何东西都不能替代它。柔之所以能够战胜刚，弱之所以能够战胜强，（这个道理）天下没有谁不懂，却没有谁能够这样做。因此圣人这样说：“承担起国家的污辱，那才称得上国家的君主；承担起国家的灾难，那才称得上天下的君王。”正面的话就好像反面的话一样。

七十九章

题解 张松如说："在本章中，老子提出'圣人执左契，而不以责于人'的主张，先是从'和大怨，必有余怨，焉可以为善'说起，接着便正面指明，'故有德司契。无德司彻'，最后归结到期望做个有德自善之人，而得天德福佑，这些都是向剥削者进言。"

原文 和大怨，必有余怨，焉可以为善①？是以圣人执左契，而不以责于人②。故有德司契，无德司彻③。夫天道无亲，恒与善人④。

注释 ①马王堆本甲本如此，乙本大部分损掩，只残留首尾各二字；王、傅、范及诸通行本并同，惟"焉"字作"安"。宋徽宗、邵若愚、司马光、彭耜诸本，上"怨"下有"者"字。叶梦得无"必"字。《文子·微明》篇引作："和大怨，必有余怨，奈何其不为善也？"蒋锡昌《校诂》："人君不能清静无为，而耀光行威，则民大怨生。待大怨已生，而欲修善以和之，则怨终不灭，此安可以为善乎？"

②马王堆本乙本如此，甲本夺"执"字，"左"作"右"。"契"

字，甲本假作“介”，乙本假作“芥”。严遵、景龙、龙兴碑、敦煌唐写本等，无“而”字。河上、王、傅、范及诸今本，“不”下无“以”字。开元及强思齐，下“人”字作“民。”马叙伦《校诂》：“‘契’，当作‘栔’。《说文》曰：‘刻木也。’今通用‘契’。”高亨《正诂》：“《说文》：‘契，大约也。券，契也。’古者契券以右为尊。《礼记·曲礼》：‘献粟者执右契。’郑注：‘契，券要也，右为尊。’《商子·定分》篇：‘以左券予吏之问法令者。主法令之吏，谨藏其右券木柙，以室藏之。’《战国策·韩策》：‘操右契而为公责德于秦魏之王。’并其证也。圣人所执之契，必是尊者，何以此文云执左契？今诠三十一章曰：‘吉事尚左，凶事尚右。’用契券者自属吉事。可证老子必以左契为尊。盖左契右契，孰尊孰卑，因时因地而异，不尽同也。《说文》：‘责，以求也。’凡贷人者执左契，贷于人者执右契。贷人者可执左契以责贷于人者令其偿还。圣人执左契而不责于人，即施而不求报也。”张松如《校读》：“综上所说，则左契右契，似无分尊卑。《易·系辞》注云：‘郑玄曰：“书之于木，刻其侧为契，各持其一，后以相考。”’是知刻木为契，剖为左右，以便分执，至日后再相合以为符信。左契为负债人所立，交债权人收执！右契为债权人所立，交负债人收执。责者乃债权人以所执左契向负债人索取所欠之谓。既云：‘献粟者执右契。’则必‘责粟者执左契’。故王注云:‘左契，防怨之所由生也。’此盖古之契法如此。‘是以圣人执左契而不以责于人’，言圣人执人所交左契而不索其报也。如此，则怨且无由生，复何和之有乎!”

③马王堆本甲乙本悉如此，惟“契”假作“介”，作“芥”；“彻”作“勶”。傅、范及唐宋以来诸今本多同。河上、王弼无“故”字。张松如《校读》:“司彻，河上注:‘司人所失。’王弼注:‘司人之过也。’皆取比治之意，与‘契’义难为对。《广雅·释诂》三:‘司，主也。’《释诂》二:‘彻，税也。’《论语》:‘盍彻乎?’郑注:‘周法，什一而税谓之彻。’《孟子·滕文公》篇:‘夏后氏五十而贡，殷人七十而助，周人百亩而彻，其实皆什一也。’是‘彻’乃周之税法。此言有德执左契而不以责于人，无德者则竞以收租税为务。不以责于人。则怨无由生，竞以收取租税为务，则大怨至矣。大怨既至，虽和之亦难泯，善不可为也。”张氏又说:“‘彻’乃周之贵族领主庄园制所实行的税法，以力役地租为主。至于司契，当是普遍地以实物地租代替了力役地租以后，在地主与农民之间订立的一种契约关系。故司彻与司契，象征着早期封建制社会转型期，由领主庄园制向地主租佃制的过渡，大概是‘初税亩’以后的情况。”

④马王堆本甲本如此，乙本损掩。河上、王、傅、范及诸通行本皆无“夫”字，“恒”作“常”。李道纯《道德会元》“亲”

作“私”,“善”作“圣”。张松如《校读》:“‘善人’当指上文‘有德’者,是自善之人,非有善之人也。作‘善’是,‘圣’字误。”

译文 和解了重大的怨仇,必有余怨难清,哪能认为这样做就妥善呢?因此,“圣人”虽握有契券,而不向负债人逼债。所以有德的人,只依照契约办事;无德的人,才按照强定的租税之律来勒索别人。天道对谁都没有偏爱,永远帮助有德的善人。

八十章

题解 本章，集中表达了老子倒退、复古的社会历史观。他既对奴隶主贵族统治制度的日益腐朽深感失望，又对新兴地主阶级的统治深感不满，幻想有一个能使奴隶主阶级“下层”安稳地活下去的前景，极力颂扬“小国寡民”的美好生活，主张毁掉一切文化，回到原始社会中去。这种向往，是和历史发展的方向背道而驰的。

原文 小国寡民①。使有什伯之器而不用②。使民重死而不远徙③。虽有舟舆，无所乘之；虽有甲兵，无所陈之④。使民复结绳而用之⑤。甘其食，美其服，安其居，乐其俗⑥。邻国相望，鸡犬之声相闻，民至老死，不相往来⑦。

注释 ①马王堆本乙本如此，甲本“国”字作“邦。”诸通行本皆如乙本。景龙、龙兴碑，“民”字作“人”。小、寡，这里用作动词，使动用法。

②开元与诸王本如此。马王堆本甲本作“使十百人之器毋用”；乙本作“使有十百人之器而勿用”。河上作“使有什伯

人之器而不用”。什伯，敦煌六朝写本作“阡陌”，傅、范作“使民有什伯之器而不用也”。龙兴碑无“使”字。《道德真经》“伯”字作“佰”。张松如《校读》：“《一切经音义》：‘什，众也，杂也，会数之名也，资生之物谓之什物。’又《史记·五帝本纪·索隐》：‘什器，什，数也。盖人家常用之器非一，故以十为数，犹今言什物也。’若此，则什伯，即十百，即众多，亦即各式各样云云。使民有什伯之器而不用者，恰合‘民多利器，国家滋昏’，从而‘塞其兑，闭其门’之义，正老氏旨归也。”《老子注释》：“器，器械。十百人之器，指具有十人或百人工作效能的器械。”王力主编《古代汉语》：“什，十倍；伯，通佰，百倍。什伯之器，效用十倍百倍的工具。”

③河上、王、傅、范诸通行本悉如此。马王堆本甲乙本皆省“不”字，甲本“徙”字讹作“送”。景龙、龙兴碑及六朝写本，“民”作“人”，六朝写本无“而”字，龙兴碑无“远”字。司马光“远徙”作“重复”。苏辙、叶梦得无此八字。’张松如说：“帛书作：‘使民重死而远徙。’如云不轻死亡，不爱迁移。‘远徙’与‘重死’为对文。‘远徙’犹云惮远徙，隐含一‘不’字。重死，以死为重，即爱惜生命。”

④诸王、傅、范及今通行本多如此。马王堆本甲乙本俱无两“虽”字，“舟舆”，甲本作“车周”，乙本作“周车”。敦煌六朝写本，上“虽有”作“其”，下“虽”字无。龙兴碑“舆”

作“轝”，亦无下“虽”字。河上“舆”亦作“轝”。李道纯、危大有、林志坚、焦竑诸本，“舆”作“车”。

⑤马王堆本乙本如此，甲本只残存“用之”两字，前六字均损掩。后世诸通行本，大致相同。惟王本“民”作“人”。严遵无“复”字，唐玄宗本句末有“矣”字。傅、范句下复有“至治之极”四字，他本皆无，盖注家注语窜入经文者。

⑥河上、王弼如此。马王堆本甲乙本，“安其居，乐其俗”两句颠倒。《群书治要》“服”作“衣”，傅、范上承“至治之极”，多“民各”二字，作“民各甘其食，美其服，安其俗，乐其业。”甘，用如动词，意动用法，以……为甘。美、安、乐的用法同此。

⑦马王堆本乙本如此，“声相”二字损掩，依甲本补。甲本“国”作“邦”，“犬”作“狗”，“民”下七字损掩。诸王本同马王堆本乙本。河上、范及诸唐本，“犬”作“狗”。开元、古观楼及司马光、苏辙、焦竑等，“声”作“音”。末句，傅作“使民至老死，不相与往来”，范作“使民至老死，而不相往来”。龙兴碑“民”作“人”。河上及敦煌无“死”字。

译文 国家要小，人民要少。即使具有效力很高的工具，也不使用。使人民爱惜生命，不肯向远处迁移。虽有船和车，但没有地方乘坐它；虽有武器装备，但没有地方陈列它。使人民恢复到结绳记事的时代。人们觉得自己的食物很香甜，觉得自己的衣服很华美，觉得自己的住所很安适，觉得本地的风俗很称心。邻国之间相互望得见，鸡鸣狗吠的声音相互听得见，而人民直到老死，也不相互往来。

八十一章

题解 本章开头老子提出真假、善恶、美丑等矛盾对立的一系列问题，说明某些事物的表面现象，往往与其实际内容不一致，包含了丰富的辩证法思想。但是他在这里把现象和内容的不一致看成是绝对的，单单认定“信言”是“不美”的，“美言”是“不信”的，“善者”是“不辩”的，“辩者”是“不善”的，“知者”是“不博”的，“博者”是“不知”的。只看到事物的统一性，而不看到事物的对立性，只知其一，不知其二。这就不免始于辩证法而终于形而上学了。老子用相反相成的规律，提出“圣人无积”的命题，从而提出“既以为人己愈有，既以与人己愈多”等语，这就把“有”与“无”、“多”与“少”的相反相成的道理，全面照顾到了。

最后，提出“均富思想”：先由“人之道”，逆推到“天之道”，更由“天之道”以论证“人之道”。提出“天之道，利而不害”，因此“人之道，为而弗争”。这就把“均富思想”提到了一定的高度，较之七十九章所谓“天道无亲，恒与善人”，就更具主动性，更富积极意义了。(采张松如说)

原文 信言不美，美言不信。善者不辩，辩者不善。知者不博，博者不知[①]。圣人无积[②]，既以为人，己愈有；既以与人，己愈多[③]。故天之道，利而不害；人之道，为而弗争[④]。

注释

①诸王本、河上公本如此。傅、范及焦竑、潘静观诸本，上二“者”字并作“言”。严遵及龙兴碑，“知者”二句在“善者”二句上。马王堆本乙本作：“信言不美，美言不信；知者不博，博者不知；善者不多，多者不善。”甲本大致相同，惟六句中，皆有损掩。张松如说：“帛书‘多’字，当为称美之意。《汉书·袁盎传》：‘诸公闻之皆多盎。’此即‘绿水青山枉自多’之‘多’也。”俞樾《诸子平议》：“谨按此当作‘信者不美，美者不信’，与下文‘善者不辩，辩者不善；知者不博，博者不知’，文法一律。河上公于‘信者不美’注云：‘信者如其实，不善者，朴且质也。’是可证古本正作‘信者不美’，无‘言’字也。于‘美言不信’注云：‘滋美之言者，孳孳华词，饰伪多空虚也。’自经文误作‘美言不信’，后人因改注文‘美者’为‘滋美之言’者，不词甚矣。”蒋锡昌《校诂》：“顾本河注：‘信言者，实言也……美言者，滋美之华词。’是河同王本。俞据误本，谓河无‘言’字，非是。”

②马王堆本乙本如此，甲本“积”字损掩。傅、范与《战国策·魏策》所引同河上及诸王本，“无”作“不”。严遵本，句

上有“是故”二字。

③河上、王弼、傅奕及唐宋诸本多如此。《战国策·魏策》所引，上“既”字作“尽”。开元、景福、《道德真经》及陆希声、杜光庭、李约、吕知常、寇才质诸本，“为”作“与”。赵至坚本，二“人”字并作“民”。范应元本，二“愈”字并作“俞”。马王堆本乙本作：“既以为人，己愈有，既以予人矣，己愈多。”甲本损掩。高亨《正诂》：“为，施也。就《魏策》所引，知此二‘既’字乃‘尽’义。《广雅释诂》：‘既，尽也’。‘既以为人，己愈有；既以予人，己愈多。’言尽以施人而己愈有；尽以予人而己愈多也，因‘既’皆‘尽’义，故《魏策》引一作‘尽’、一作‘既’耳。”张松如《校读》：“‘既’作‘尽’解，固通；作‘已’解，即古义所谓‘人就食之谓即，食毕反身而走之谓既’，更确。‘已’‘尽’谊近义通，盖‘尽’者当‘已’，‘已’者亦可‘尽’也。”

④马王堆本乙本如此，甲本损掩。河上、王、傅、范诸今本，上句无“故”字，下句作“圣人之道，为而不争”。崇宁五注本《老子注》，无上“之”字。敦煌庚辛本无下“之”字。赵至坚本作“人之道”，无“圣”字。

译文 真实的话不漂亮，漂亮的话不真实。善良的人不巧说，巧说的人不善良。真懂的人不卖弄渊博，卖弄渊博的人不是真懂。“圣人”什么都不积蓄。他尽力帮助别人，自己反而越富有；尽力给予别人，自己反而越充足。所以天的“道”，利于万物而不加害它们；圣人的“道”，干什么都不跟别人争夺。

图书在版编目（CIP）数据

老子全译 / 沙少海，徐子宏译注．— 贵州：贵州人民出版社，2020.12
（中国历代名著全译丛书）
ISBN 978-7-221-16506-0

Ⅰ.①老… Ⅱ.①沙… ②徐… Ⅲ.①道家 ②《道德经》—译文 Ⅳ.①B223.14

中国版本图书馆CIP数据核字（2020）第267673号

出 版 人：王　旭
责任编辑：马文博　程　立
编辑助理：高巧琳
装帧设计：晓笛设计工作室　舒刚卫　刘清霞
责任监印：尹晓蓓　唐锡璋

书　　名：老子全译
译　　注：沙少海　徐子宏
出版发行：贵州出版集团　贵州人民出版社
地　　址：贵州省贵阳市观山湖区会展东路SOHO办公区A座
印　　刷：北京雅昌艺术印刷有限公司
开　　本：880mm × 1230mm　32开
印　　张：9.5
字　　数：172千字
版　　次：2021年3月第1版
印　　次：2021年3月第1次印刷
书　　号：ISBN 978-7-221-16506-0
定　　价：48.00元
